AI 시대
일자리 혁명

AI 시대 일자리 혁명

사라지는 일자리와 살아 남을 일자리

이종호 지음

북카라반
CARAVAN

과학은 놀라운 미래를 상상하게 해준다. 아이작 아시모프의 소설 『양자 인간Positronic Man』을 영화화한 〈바이센테니얼 맨Bicentennial Man〉은 인공지능AI, Artificial Intelligence을 접목한 기계나 로봇이 발달하면 인간과 인공지능의 차이가 없어질 수 있다는 내용을 소재로 삼았다.

〈바이센테니얼 맨〉에서 '인간형 지능 로봇 앤드류'는 인간인 포샤와 사랑을 이룬 후 엉뚱한 꿈을 꾼다. 인간과 사랑을 이루었지만 진짜 인간으로 대접받고 싶다는 것이다. 그는 자신이 인간화되었으니 인간으로 대접해달라며 법정투쟁을 벌이다 결국 죽음을 담보로 성공한다. 〈바이센테니얼 맨〉은 미래 어느 때가 되면 로봇, 즉 인공지능이 심부름만 해주는 역할에 만족하지 못한다는 것을 알려준다. 이 영화가 그리는 유토피아 세상이 정말로 올지 자못 궁금하다.

2011년 9월 11일 오전 미국 뉴욕의 맨해튼에 위치한 세계무역센터에 비행기가 돌진해 건물 중심부를 정확히 강타했다. 몇 분후 또 다른 비행기가 나머지 건물에 충돌했다. 세계를 깜짝 놀라게한 충돌 장면은 SF 영화에서나 볼 법했다. 그러나 이 일은 실제로 일어났고, 매우 충격적이었다.

현재 4차 산업혁명이라는 기차가 쾌속 질주하고 있다. 이에 따라 인공지능의 능력이 인간의 상상을 넘어선다면 세계무역센터 폭파보다 훨씬 유쾌하지 않은 미래가 초래될지도 모른다는 지적도 있다. 인공지능으로 무장한 로봇에 의해 '터미네이터'의 세상, 즉 인공지능의 반란 등이 실제로 등장할지도 모른다는 우려다.

　　인공지능 기술이 오용되거나 남용되면 인류는 종말을 맞이할 수 있다는 경고의 근거는 단순하다. 현재 진행되는 추이를 볼 때 인공지능 로봇이 조만간 인간을 추월하는 '특이점'을 넘어, 현재 인간과 다름없는 새로운 인간류로 변모할 수 있다는 것이다. 현재와 같은 과학기술의 진보를 생각하면 이들 신인류新人類, Neo Human의 등장은 시간문제라는 주장이다.

　　신인류란 원래 고인류로 불리는 호모사피엔스(네안데르탈인)에 대비되는 호모사피엔스사피엔스(크로마뇽인 등)를 가리키는데, 현대 과학이 인공지능을 신인류로 평하는 것은 상당한 의미가 있다. 한마디로 신인류라고 설명할 정도로 인공지능이 인간과 다름없이 밀접해 있음을 뜻한다. 이는 달리 말하면 인공지능과 떨어져 살 수 없는 시대가 되었다는 뜻이다.

　　지금 우리에게 중요한 관점은 신인류와 인간들이 어떻게 슬기롭게 살아가느냐이다. 4차 산업혁명의 기차가 출발하고 있는 상황에서 신인류로 분류될 정도로 똑똑한 인공지능과 현 인류가 함께 살게 된다는 말이 생소하게 들릴 수도 있겠다. 이들의 등장이 보다 큰 충격으로 다가서는 것은 인간들이 독점해온 일자리를 넘보는 세계로 변할 수 있다는 점이다. 인간의 전유물인 일자리를 신인류가 차지할 수 있다는 것은 그만큼 신인류의 등장이 충격적임을 의미한다.

　미래를 살아야 하는 인간들에게는 일자리가 가장 중요한 요소이다. 전문가들은 신인류가 등장하면서 미래의 일자리가 '사라지는 일자리', '사라지지 않는 일자리', '새로 생기는 일자리'로 재편될 것이라고 말한다. 닥쳐올 미래를 현명하게 준비하지 못하면 신인류에게 일자리를 빼앗길 수 있다는 말과 다름 아니다. 반면에 제대로 준비한 누군가에게는 새로운 기회의 장이 열릴 수 있다. 이 말은 세계를 아우르는 수많은 일자리를 찾아가는 데 핵심 지름길이 있다는 뜻이다.

　나와 함께 4차 산업혁명이라는 대장정에 참여하면서 수많은 걸림돌을 슬기롭게 헤쳐 나갈 방법들을 찾기를 바란다.

CONTENS

인공지능의 충격

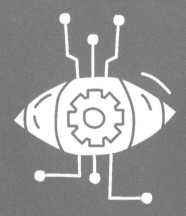

2022년 11월 오픈AIOpenAI가 그동안 계속 발전시킨 AI의 새로운
버전, 즉 챗GPTChat Generative Pre-trained Transformer를 발표하면서
세계인들에게 충격을 주었다. 알파고와 이세돌 9단이 세기의 대결
(2016년 5월)을 펼친 지 6년이 겨우 지난 시기다. 이는 알파고가 등
장한 이후 인공지능 분야가 전문가들의 예상보다 엄청난 속도로 발
전했다는 것을 의미한다.

오픈AI는 원래 테슬라의 일론 머스크와 와이콤비네이터의 샘 올트
먼 등 정보기술Information Technology, IT 업계의 거물들이 뭉친 회사
이다. 이들이 새로운 AI에 '챗'이라는 이름을 붙인 데에는 기본적으
로 채팅, 대화라는 뜻이 있기 때문이다. 챗GPT는 세계인들에게 큰
충격을 주었다. 그동안 AI들은 자료를 라벨링해 학습하는 식이었는
데, 챗GPT는 발상을 전환해 이를 대화형으로 업그레이드한 것이다.

챗GPT는 큰 틀에서 글쓰기, 대화에 특화된 생성형 AI로 설명
한다. 즉, 문장 속 단어 같은 순차 데이터 내의 관계를 추적하고 맥락

과 의미를 학습해 사용자에게 전해준다. AI가 알파고의 기본인 '딥 러닝deep learning'을 통해 맥락, 미묘한 차이점, 단어들 사이의 관계, 문장의 의미들을 이해해 이를 토대로 네티즌의 질문에 적절한 답을 제시한다는 뜻이다.

책『GPT 제너레이션 : 챗GPT가 바꿀 우리 인류의 미래』를 쓴 이시한 교수는 챗GPT를 다음과 같이 설명한다.

> "예전에 그림을 찾아주는 AI는 이미 가지고 있는 그림 안에서 사용자가 원하는 것과 제일 비슷한 것을 찾아 제시하는 방식이다. 그러나 챗GPT는 그림을 '생성하는 AI'로 사용자가 원하는 그림을 말로 설명하면 세상에 없던 그림을 새로 그려준다."[1]

말 한마디로 그림 100점도 곧바로 만들어줄 수 있다는 것이다. 안 가르쳐줘도 AI가 눈치껏 만들어준다는 뜻이다. 더욱 놀라운 사실은 인공지능이 스스로 시행착오를 거쳐 최적의 방법을 찾아가는 강화학습 기법으로 스스로 오류를 바로잡고 잘못을 수정할 수 있다는 점이다.[2]

1

인공지능의 진격

4차 산업혁명 시대는 그동안 일어난 1차, 2차, 3차 산업혁명과 완전히 궤를 달리한다. 4차 산업혁명이 현대 문명을 견인한 세 차례의 산업혁명에 바탕을 두고 있는 것은 사실이지만, 그동안의 산업혁명을 뛰어넘는 새로운 길로 들어서고 있다. 물론 4차 산업혁명은 3차 산업혁명이 컴퓨터와 인터넷으로 세계를 하나로 묶어준 것을 토대로 한다. 하지만 이와는 차원이 다른 새로운 세상, 즉 새로운 일자리들이 등장할 것이다.

학자들은 4차 산업혁명의 핵심으로 여러 가지를 제시한다. 인공지능이 초래할 새로운 세상은 과거 지구상에 존재했던 생명체의 폭발적인 등장과 비교된다고 설명하기도 한다. 약 50억 년 전 태양이 만들어지고 몇억 년 지나서 지구라는 행성이 태어난 후, 약 40억 년 전에 어떤 연유로든 지구에서 미생물 생명체가 출현했다. 이후 지구는 계속 미생물의 세상이었으며, 캄브리아기인 약 5억 4300만 년 전부터 약 500만 년 동안 생명체의 대폭발이 일어났다. 이후 수많은 생명체가 점멸했지만 700만 년 전~600만 년 전에 인간류가 태어나 현재에 이른다.

영국의 고생물학자인 앤드류 파커는 캄브리아기 동안 지구의 생명체가 고속으로 진화했다고 본다. 그는 바로 이 시기에 생물체들에게 '눈'이 생겨 '빛'을 인식하게 되었고, 이 '눈의 탄생'이 캄브리아기 생물의 생명 대폭발(빅뱅)을 가져왔다고 주장했다. 학자들이 4차 산업혁명을 캄브리아기의 대폭발 시대에 비견된다고 주장하는 것은 4차 산업혁명이 가져올 영향력이 그만큼 크다고 생각하기 때문이다. 4차 산업혁명을 견인할 인공지능 등에 새로운 눈이 첨가되어 과거 '캄브리아기 대폭발'과 같은 폭발적인 변화를 초래할 수 있다는 뜻이다.

4차 산업혁명이 얼마나 큰 파장을 가져올까를 두고 여러 가지 이론이 있지만, 기본적인 비교 대상은 있다. 과거 로마제국은 전 세계 영토의 3.64퍼센트, 중국 청나라는 전 세계의 9.87퍼센트를 차지했다. 대영제국은 22.63퍼센트, 몽골제국의 영토 장악력은 22.29퍼센트였다. 인류사에서 가장 거대했다는 제국도 25퍼센트 미만의 영토로 세계를 좌지우지한 것이다.

반면에 2023년 기준으로 구글의 모바일 기기 운영체제 안드로이드의 점유율은 약 70퍼센트이다. 전 세계 검색엔진의 85퍼센트 이상을 구글이 차지하고 있고, 메타(페이스북)의 소셜네트워크서비스SNS 점유율도 60퍼센트에 달한다. 이들 글로벌 IT 기업이 과거의 대제국보다 큰 힘을 갖고 있다. 바꿔 말하면 국가 체제로는 4차 산업혁명이라는 새로운 시대에 순발력 있게 대응하지 못함을 의미한다

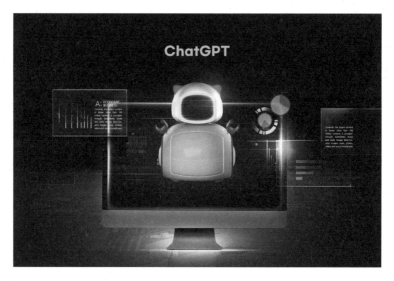

챗GPT는 인간과 대화하고 인간의 어떤 질문에도 대답을 내놓는 인공지능으로,
기존의 AI와 격이 다르다.

는 지적도 있다.

그런데 하루가 다르게 변하는 4차 산업혁명의 물결 속에서 2022년 11월에 등장한 인공지능, 즉 챗GPT는 알파고와 이세돌 구단의 대결과는 차원이 다른 반향을 일으켰다. 챗GPT는 인간과 대화하고 인간의 어떤 질문에도 대답을 내놓는 인공지능으로, 기존의 AI와 격이 다르다. 일론 머스크와 샘 올트먼이 2015년에 공동 설립한 연구소 '오픈AI'의 이름을 오픈이라고 붙인 것은 인공지능을 전 세계 유저들에게 오픈해 인공지능의 위력을 직접 체험케 하겠다는 뜻이다.

오픈AI의 챗GPT는 폭발적인 반응을 일으키며 출시된 지 불과 두 달 만에 사용자가 1억 명에 달했다. 이는 '인스타그램'의 2년

오픈AI의 공동 설립자인 일론 머스크(왼쪽)와
샘 올트먼(오른쪽).

반, '틱톡'의 9개월을 훨씬 앞서는 것으로, 그만큼 특별한 것이 있다
는 뜻이다.

챗GPT는 잘 알려진 각 빅테크(정보기술 산업에서 지배적인 기
업. 구글, 메타, 마이크로소프트, 엔비디아 등)를 비롯한 많은 회사에서
그동안 운용하던 채팅 로봇과 다름없지만 이들과 그 결을 달리한다.
챗GPT는 사용자의 질문에 따라 필요한 정보를 찾고 요약할 수 있
는 '자연어 처리기술Natural Language Processing, NLP'을 접목해, 사람의
언어를 이해하고 새로운 답을 생성해서 사용자와 대화가 가능한 생
성형 인공지능이다.

GPTGenerative Pre-trained Transformer에서 'Generative'는 답변
을 생성하고, 'Pre-trained'는 '사전에 학습된'이라는 뜻이다. '트

랜스포머Transformer'는 인공신경망 모델 중 하나로 자연어 처리 분야, 즉 기계 번역, 챗봇, 감성 분석, 요약 등에 활용된다는 뜻이다.

챗GPT가 처리 속도가 빠르고 보다 긴 문장을 더욱 효과적으로 처리할 수 있는 것은 트랜스포머 모델의 '셀프어텐션 매커니즘 Self-Attention Mechanism' 덕분이다. 이 기술은 그동안 인공지능의 한계라고 여기던 문장 내 단어 사이의 관계를 파악하고, 이를 통해 문맥을 파악하는 능력을 인공지능에 부여해준다. 이를 통해 인공지능이 자연어 처리와 생성에 강점을 보이며, 그동안 AI가 보여주지 못했던 이해력과 더욱 명확하고 논리적인 답변을 해준다.[3]

챗GPT는 큰 틀에서 2016년 5월 알파고가 이세돌을 격파한 후 계속 업그레이드된 인공지능 프로그램 중 하나이다. 수많은 빅테크의 프로그램이 GPT의 특성을 갖고 있다. 한마디로 챗GPT는 오픈AI의 특성화된 GPT 중 하나라는 뜻이다. 그러므로 이 책에서는 특별히 오픈AI의 챗GPT로 설명하지 않는 한 GPT, AI, 로봇 등을 포괄해 '인공지능' 또는 'AI'로 설명하겠다.

생성형 AI

최근 선보이는 인공지능은 2016년 이세돌 9단을 격파한 알파고에서 계속 진화한 것이다. 알파고의 업그레이드된 프로그램인 AI가 4차 산업혁명의 핵심이라는 말에 이해가 안 된다는 사람들도 인공지능이 미래의 일자리에 태풍을 불러일으킬 것이라고 설명하면 곧바로 이해하려는 자세로 돌아선다.

GPT를 포함한 인공지능은 그동안 인공지능의 영역으로 생각하던 알파고 프로그램과는 차원을 달리한다. 특히 챗GPT가 놀라운 것은 보통 사람들의 아무 질문에나 대답하고 글을 써주는 등 모든 사람이 AI를 실감할 수 있게 해준다는 점이다. 또 활용 범위가 넓어 파급 효과 면에서 보면 알파고는 이에 비견할 정도가 아니다.

챗GPT는 텍스트를 통해 인간과 대화할 수 있는 애플리케이션으로 생성형 AI의 일종이다. 여기에서 생성형 AI는 다소 설명이 필요하다. 인간은 기본적으로 경험을 쌓고, 이를 바탕으로 모방하고 변형하며, 마침내 이들을 융합해서 새로운 작품을 만든다. 인공지능도 인간과 똑같이 4단계의 창작 과정을 거치는데, 인공지능에서는 이런 창작 기능을 '생성 모델Generative AI Model'이라고 부른다.

생성형 AI란 인공신경망을 이용해 새로운 데이터를 생성하는 기술이다. 명령어를 통해 사용자의 의도를 스스로 이해하며, 주어진 데이터로 학습하고 이를 활용하여 텍스트, 이미지, 오디오, 비디오 등 새로운 콘텐츠를 생성해내는 인공지능이다. 한마디로 글, 문장, 오디오, 이미지 같은 기존 데이터를 활용해 유사한 콘텐츠를 새롭게 만들어내는 AI다.

기존 AI가 데이터와 패턴을 학습해서 대상을 이해했다면, 생성형 AI는 기존 데이터와 비교 학습을 통해 새로운 콘텐츠를 탄생시킨다. 예를 들어 AI가 여러 장의 개 사진을 학습해 개를 알아보는 수준이었다면, 생성형 AI는 이를 넘어 새로운 모습의 개 사진을 만들어낼 수 있다는 점에서 차별성이 있다.

챗GPT는 영어뿐만 아니라 한국어로도 질문하고 답변을 받을 수 있는 등 언어 문제도 걸림돌이 되지 않는다. 그래서 지구인들의 일상생활 모든 부분에 적용될 수 있다고 전망하기도 한다. 여행 계획을 세워주고, 보고서를 작성해주고, 학생들의 숙제를 도와주고, 코딩 교육도 해준다. 게다가 사람과의 대화 기능으로 사람과 이야기를 나누며 자질 있는 비서 역할도 할 수 있다.[4)]

생성형 인공지능 모델의 시작은 인공지능 과학자 이안 굿펠로가 2014년에 발표한 'GAN Generative Adversarial Network'으로 본다. '생성적 적대 신경망'이라고도 불리는 GAN 안에는 작품 발생기 Generator와 작품 감별기 Discriminator가 함께 들어 있다.

예를 들어 인공지능이 모방하려는 그림이 빈센트 반 고흐의 그림이라고 한다면, 발생기는 계속해서 고흐 그림을 모방해서 그려내고, 감별기는 모방한 가짜 그림을 진짜 고흐의 원본 그림과 비교한다. 감별기가 도저히 가짜 그림을 판별할 수 없을 때까지 발생기는 계속해서 모방 그림을 그리는데, 이렇게 발생기와 감별기가 서로 경쟁하면서 변증법적으로 발전한다. 마침내 참과 거짓이 무승부를 이루면 GAN이 완벽히 가짜 모방 그림을 그렸다고 볼 수 있다는 것이다.

빌 게이츠는 인공지능이 마이크로프로세서, 개인용 컴퓨터, 인터넷, 스마트폰의 탄생만큼 혁명적이라고 말했다. 미국의 전 국무장관 헨리 키신저는 대화형 인공지능이 인간의 지성을 근본적으로 변화시킬 것이며, 이러한 '지성 혁명 Intellectual Revolution'은 1455년 구텐베르크 혁명에 못지않을 것이라고 말했다. 유럽에서 인쇄 기술이 그동안 지배하던 종교 차원을 넘어 인간의 이해 방식과 소통 방식을 혁명적으로 바꿔놓은 것처럼, 생성형 인공지능이 인간이 일하고 배우면서 서로 소통하는 방식을 근본적으로 바꾸어줄 수 있다는 것이다.

그동안 기계의 자동화는 큰 틀에서 육체노동자에게만 영향을 미쳤다고 볼 수 있다. 인공지능은 화이트칼라는 물론 인공지능 숙련자에게도 영향을 미친다. 인공지능이 우리의 삶과 사회를 전방위로 변화시킬 수 있다는 것이다. 그중에서도 인공지능과 같은 로봇 등으로 인해 일자리에서 엄청난 변혁이 일어날 것임을 설명하는 것이나 다름없다.

철학자 이진우는 인공지능이 등장한 여파를 다음과 같이 설명했다.

"인공지능의 영향을 받는 직업에 종사하는 100명 중 10명 정도의 숙련자는 극도로 증대된 생산성 덕분에 지금보다 훨씬 더 나은 수입을 올릴 것이다. 60명 정도는 별다른 변화 없이 계속 일할 것이지만, 나머지 30명은 능력과 자격에 미치지 못하는 일자리만 찾게 될지도 모른다. 그 비율이 어떻게 되든 인공지능에 정통한 사람들이 미숙련자를 대체할 것이라는 점은 분명하다."[5]

진화하는 인공지능

비틀스의 폴 매카트니가 22세 때 꿈에서 들은 멜로디로 〈예스터데이Yesterday〉 만들었다는 이야기는 잘 알려진 내용이다. 그는 잠에서 깨자마자 잊어버리지 않으려고 바로 피아노로 달려가서 연주했다고 한다. 카이스트KIST의 김정호 박사는 AI가 꿈을 꾸지 못한다는 것을 강조했다. 그의 설명은 간단하다. 인공지능이 인간처럼 경험, 모방, 변형, 융합을 통해 창작은 하지만 '창조'는 못한다는 것이다. 이는 인공지능의 제원으로도 알 수 있다.

김정호는 인공지능을 다음과 같이 설명했다.

"내부는 입력 데이터를 디지털 암호로 전환하는 인코더와 이들 디지털 암호를 재해석하고 해독해서 다시 디지털 출력을 내는 디코더로 이루어져 있다. 마치 암호 번역기와도 비슷하다. 입력으로는 보통 문서가 들어가고, 출력으로는 문서, 영상 또는 음악이 나오게 된다. 일종의 멀티미디어 번역기이자 생성기가 된다. 이런 방법으로 오픈AI의 인공지능은 문서를 생성하고 달리DALL-E는 그림을 생성한다. 둘이 공동 작업도 한다. 가까운 미래에는 문학, 음악과 미술 작품을 융합해서 동시에 생성할 수도 있다. 인공지능에서도 인간과 마찬가지로 모방을 통해서 학습하고, 변형과 융합을 통해서 새로운 출력을 얻는다."

김정호는 인공지능이 모방을 그럴듯하게 하기 위해 각 글자와 문단들 사이의 관계와 맥락을 수치화한 '맥락 관계망Attention Network'을 추가했다고 설명한다. 또한 언어의 핵심 요소인 단어의 순서와 위치까지도 학습하고 기억하며 자기 주도 연습과 자체 평가를 통해서 모방을 극대화한다고 보았다. 이런 과정을 거치면서 인공지능은 그럴듯한 문서를 생성해낸다는 것이다.

그런데 인간과 유사하게 모방을 계속하다 보면 변형과 융합까지도 하게 되므로 학습에 사용한 원본을 찾아내는 것이 어렵다. 생성 인공지능의 창작 수준은 학습에 사용된 데이터와 시간의 분량에 따라 결정된다. 결국 인공지능의 핵심은 생성 인공지능이다.

김정호는 아직 생성 인공지능의 능력이 완전한 창조의 단계에 이르지 못했다고 말했다. 현재의 인공지능을 '창조 인공지능 모델Creative AI Model'이라고 부르지 않는 대신 '생성 인공지능 모델Generative AI Model'이라고 부르는 이유이다. 가장 단적인 증거로 제시된 것이 바로 인공지능 AI가 비틀스의 폴 매카트니처럼 꿈을 꾸지 못한다는 점이다.[6]

인공지능과 인간과의 차이점은 이뿐만이 아니다. 인간의 특징

중 하나는 뇌의 좌우가 '비대칭'이라는 점이다. 캘리포니아공과대학교의 로저 스페리Roger Wolcott Sperry 교수는 인간의 두뇌가 '좌뇌左腦'와 '우뇌右腦'로 분리되며, 서로 기능적으로 차이가 있다는 것을 밝혀 1968년 노벨상을 수상했다. 그의 연구로 좌뇌는 언어와 논리 기능이 우수하고, 우뇌는 예술과 직관 기능이 우수하다는 사실이 밝혀졌다.

인공지능 AI는 구조적으로 좌우 구분이 없다. 알고리즘도 마찬가지다. 인공지능의 학습과 판단을 담당하는 고성능 그래픽 프로세서GPU 좌우에는 고대역 메모리High Bandwidth Memory, HBM가 대칭으로 설치된다. 이에 더해 AI는 기능적으로 인간의 좌뇌와 우뇌의 장점을 '통합적統合的'으로 동시에 가지므로 AI가 인간의 좌뇌 역할을 잘 해오고 있다. 한마디로 수학적 계산과 논리 그리고 데이터 분석 작업을 빠르고 정확히 수행해왔다는 것이다. 이제는 인공지능 프로그램이 발달하여 우뇌의 영역인 창조력과 직관 능력에다 예술적 소양까지 더해지고 있다. 그렇다고 AI가 인간처럼 좌뇌, 우뇌가 분리돼 작동되는 것은 아니다.

인공지능 알고리즘을 구현한 인공지능망Deep Neural Network은 좌우가 같은 대칭이다. 인공지능망의 데이터 입력은 수학의 벡터 형태를 띤다. 벡터는 디지털 숫자의 집합으로 학습과 판단 과정에서 수많은 벡터와 행렬의 곱셈이 일어난다. 그리고 인공지능망의 최종 출력은 확률 함수가 된다. 여기에서 사용되는 선형대수학, 미분과 확률 수학은 애초부터 좌우 구분이 없으며 좌우 대칭적이다.

또한 반도체 메모리도 좌우 대칭이다. 그중에서 디램DRAM은 빅데이터 저장에 필수 부품이면서 인공지능의 계산 능력을 좌우한다. 디램을 설계할 때는 데이터를 저장하는 셀 배열Cell Array을 반도체 좌우에 균형 있게 대칭적으로 배치한다.

김정호는 디지털 혁명에 좌우 구분이 없다는 점이야말로 인간과 AI에 차별성이 분명히 있음을 보여준다고 강조했다.[7] 이 차이점을 제대로 파악해야 AI를 정확하게 이해할 수 있다는 말이다.

오픈AI의 인공지능이 계속 업그레이드되면서 사용자와 나누었던 과거의 대화를 기억한다는 것도 덕목으로 추가되었다. 이는 챗GPT가 개인이 설정한 특정한 정보를 저장해두고 활용할 수 있음을 뜻한다.

인공지능 사용자가 곧 다섯 살이 되는 자신의 아이가 분홍색과 해파리를 좋아한다고 언급한 후 아이의 생일 카드 제작을 요청하자, AI는 기존에 저장했던 기억을 되살려 파티 모자를 쓴 해파리가 그려진 카드를 제안했다. 또 25명의 학생을 가르치는 선생이 50분 수업을 한다고 입력하면, 인공지능이 수업 계획을 만들 때 이를 기억한다.

더불어 사용자가 인공지능에게 기억하라고 지시하거나 대화를 삭제하거나 완전히 제거할 수도 있다. AI가 사용자의 건강 정보와 같은 민감한 정보는 기억하지 않는다는 설명이다. 물론 챗봇이 대화에서 개인적인 별도 목록을 만들고 저장하면 개인 정보 보호 문제가 발생할 우려가 있는 것도 사실이다. 전문가들은 오픈AI의 메모리 기능이 좋은 방향이든 나쁜 방향이든 AI의 핵심적인 기능이 될 것으로 전망했다. AI가 점점 더 똑똑해지고 있다는 것이다.[8]

운전할 때도 AI가 비서 역할을 한다. 운전자에게 최적의 경로를 찾아주고, 운전자가 춥다고 하면 히터를 틀어주기까지 한다.

현재 유통되고 있는 AI가 얼마나 놀라운 자질을 갖고 있는가는 일상생활에서 궁금증이 생기면 무엇이든 대화 형식으로 물어보면 된다는 점이다. 심지어 동영상을 찍어 검색하고 AI에게 도움을 구할 수도 있다. 단순히 글자를 검색창에 입력해 정보를 찾는 기존 방식은 인터넷 역사의 뒤안길로 사라질 것으로 예상한다.

운전할 때도 AI가 비서 역할을 한다. 목적지를 음성으로 말하면 AI가 최적의 경로를 찾아주고, 사용자의 요청에 따라 음악을 재생한다. 수년 전에 상용화된 기능이지만 보다 업그레이드되어 운전자가 춥다고 하면 히터를 틀어주기까지 한다.

모바일이나 스마트 안경을 통해 언제 어디서나 전문적인 비서처럼 활용할 수도 있다. 쇼핑할 때는 카메라로 상품을 촬영해 다른 매장과 가격을 비교할 수 있으며, 드라마 속 주인공이 입은 옷에 대한 정보도 쉽게 얻을 수 있다. SF 영화 〈마이너리티 리포트〉에서 등장하는 미래의 일상이 현실로 다가온 것이다. 능력 있는 AI의 등장으로 인류는 새로운 시대를 맞고 있다.[9]

인간 + 신인류

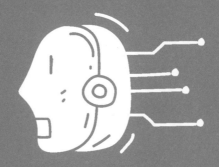

인공지능을 설명할 때 자주 등장하는 SF 영화가 있다. 바로 〈그녀 HER〉이다. 이 영화에서 남자 주인공 테오도르는 자신이 인공지능 비서 사만다를 사랑하게 된 이유를 이렇게 설명한다.

> "나와 같은 것을 보고, 실시간으로 함께 웃고 떠드는 AI는 그 자체로 자아를 갖춘 '의식체'이며, 사랑하지 않을 이유가 없다."

2013년 〈그녀HER〉가 개봉하고 흥행에 성공하자 영화 속에서 설명하는 인간스러운 AI가 정말로 나올 수 있느냐는 질문이 있었다. 대부분 상당히 오랜 시간이 걸릴 것이라고 말했다. 그런데 불과 11년 만에 영화 속에 나오는 '그녀', 즉 '사만다'가 현실 세계에 등장했다고 말할 정도로 인공지능은 큰 변화를 보인다.

미국의 오픈AI는 2022년 챗GPT를 공개한 데 이어, 2024년 신규 AI 모델 'GPT-4oGPT-4omni'를 공개했다. 이 AI 모델은 실시간으로 세상을 보고, 듣고, 말할 수 있는 음성 서비스를 선보였다. 이용자와 자유롭게 대화를 나누면서 카메라를 눈 삼아 세상을 관찰한다는 것이다. 이 모델이 사용자와 대화하면서 반응하는 평균 응답 속도는 0.32초이다. 인간의 평균 반응 속도인 0.25초와 큰 차이가 없다.

GPT-포오가 얼마나 획기적인지는 기존 AI가 사용자의 말을 인식하고 그에 맞는 해답을 찾아 대답하는 데 시간이 1초 안팎 걸렸다는 사실로도 알 수 있다. GPT-포오는 기존 AI 모델보다 2~4배 빠른 응답 속도 때문에 사람과 이야기를 주고받듯 자연스러운 대화가 가능해졌다. 게다가 한국어 등 50개 언어로 제공되며 실시간 번역도 가능한데, 작동 비용이 기존 모델의 2분의 1 수준이라는 데 놀라움을 표했다.

더구나 GPT-포오는 카메라를 통해 주변의 시각적 정보를 실시간으로 인식하고 분석하며 말할 수도 있다. 사용자가 웃는 얼굴을 비추면 '즐겁고 신나 보이네'라고 말하고, 등 뒤로 갑자기 사람이 나타났다 사라지면 '아까 네 뒤로 모르는 사람이 지나가더라'라고 언급하기도 한다. 여성의 목소리를 한 AI의 말투에서 불편한 기계음이 전혀 느껴지지 않았다며 김정호는 다음과 같이 평가했다.

"응답 생성 속도는 AI 서비스 경쟁의 핵심인데 속도와 성능에서 획기적 발전을 이룬 오픈AI는 인간과 같은 AI의 등장이 점점 가까워지고 있다는 것을 뜻한다."

한마디로 AI를 보다 인간답게 만들었다는 것이다. 더욱 놀라운 것은 수학 문제 풀이이다. 모바일 앱에서 음성 대화 모드로 다음과 같이 말했다. "수학 문제를 풀 건데, 정답을 말하지 말고 풀이 과정을 도와줘." 이후 카메라로 종이에 적은 '3x+1=4'라는 방정식을 비추자, AI는 바로 문제를 인식하고 'x의 값을 구하기 위해선 x를 제외한 모든 숫자를 한쪽으로 모아야 한다'며 풀이법을 말했다.

과거에도 인공지능을 활용한 수학 풀이가 가능했던 것은 사실이다. 새로운 GPT, 즉 인공지능은 단순한 풀이에서 한 걸음 더 나아간다. 마치 과외 교사처럼 바로 옆에서 실시간으로 대화를 나누며 풀이 과정을 지도해주는 것과 다름없다.

학자들은 오픈AI가 응답 속도를 높이기 위해 매개변수 parameter를 100억~1000억 개 단위의 '중간급 AI'로 설계했을 것으로 추정한다. 인간에 가까운 '음성 AI'를 두고 빅테크의 경쟁은 치열하다는 말보다 전쟁이라 해도 과언이 아니다. 학자들은 구글과 애플 등이 음성 AI에 총력을 기울이고 있는데, 사실 사용자 측면에서 볼 때 이들의 경쟁이 나쁘지만은 않다고 말한다.[10]

이러한 인공지능계의 변화를 볼 때 SF 영화인 〈그녀HER〉에 나오는 '사만다'를 어떻게 볼 수 있느냐로 초점이 모아졌다. 영화 속에 나오는 사만다는 '강한 인공지능Strong AI'으로 인간과의 대화가 가능하고, 스스로 그림도 그리고 작곡도 할 수 있다. 원래 사만다는 기본적인 인간의 감정들로 프로그램되었는데, 테오도르와 대화하면서 느끼는 감정의 폭이 넓어진 데다 사랑도 배우게 된다는 설정이다.[11]

사실 인공지능 개발자들은 사만다 같은 인공지능을 만드는 것이 목표이다. 가까운 미래를 다룬 〈그녀〉의 사만다를 현실적인 '강한 인공지능Artificial General Intelligence, AGI'의 모범 모델로 인식한다. AGI란 인간이 하는 지적 작업을 모두 해내는 기계의 기능을 말한다. 사만다 정도의 성능을 갖고 있다면, 그것이 곧 AGI라고 대체로 공감한다는 설명도 있다.(AGI는 '인공 일반 지능'으로 해석되지만, 이 책에서는 '강한 인공지능'으로 표기함.)

물론 영화 속 사만다는 인공 의식을 가진 데다 초지능으로 진화하는 모습을 보여주므로 사만다 수준의 AGI를 구현하는 것이 정말 가능할지 의문이라는 시각도 존재한다. 그러나 SF 영화에서 그리는 인공지능은 그동안 알려진 약한 인공지능Weak AI의 차원을 넘어서는 강한 인공지능을 갖고 있다. 즉 로봇 등이 강한 인공지능을 갖고 있다면 신인류新人類, NEO HUMAN로 불러도 무방하다는 의견이다.[12]

1

특이점

인간이 사용하는 일상적인 언어로 단순한 정보 검색부터 프로그래밍처럼 복잡한 일까지 시킬 수 있다는 것은 생성형 AI의 시대가 이미 다가왔다는 뜻이다. AI가 점점 인간의 지능을 닮아가는 수준에 그치지 않고, 인간을 추월해 모든 인류의 지적 능력을 합친 것보다 뛰어난 '초지능(슈퍼인텔리전스)'이라 불리는 단계에 도달하게 되는 시점을 학자들은 'AI 특이점singularity'이라고 부른다.

특이점은 인류사에서 잘 알려진 용어로 미래에 기술 변화가 빨라지고 그 영향이 매우 커져 인간의 생활이 되돌릴 수 없도록 변화되는 시기를 말한다. 인류사에서 바퀴, 종이, 문자, 인쇄술, 증기기관, 내연기관, 계산기, 컴퓨터, 스마트폰의 등장을 연상하면 이해가 쉽다.

1992년 체스 세계챔피언 게리 카스파로프는 컴퓨터와 대국하여 승리한 후 컴퓨터의 형편없는 체스 실력을 비웃었다. 그러나 5년 뒤 그는 컴퓨터에 패배했다. 이후 이세돌 9단이 알파고에 패배했다. 특이점이 임박했다는 주장은 인간이 창조한 기술의 변화 속도가 가속되고 기술의 힘이 기하급수적으로 확대되고 있다는 인식이 깔려 있다. 문제는 이런 힘이 눈에 띄지 않게 시작하지만, 인간들이 궤도 변화를 눈치채지도 못하는 사이에 갑작스럽게 폭발적으로 증가한다는 점이다.[13]

무엇보다 인공지능은 특이점에 도달하는 데 인간보다 상당히 많은 면에서 유리하다. 인간은 뇌에 기반하는 생물체이지만 AI는 구조상 복제와 확장, 기능 업그레이드가 수월하다.

사실 인간의 뇌는 심각한 한계를 갖고 있다. 고도의 병렬 처리(여러 작업을 동시에 처리하는 일)로 개재뉴런(연합뉴런) 100조 개를 이용하여 섬세한 패턴을 인식한다. 그런데 기본적인 신경 처리 속도는 전자회로보다 수백만 배 느리다. 인간의 지식 기반, 즉 지식 베이스가 기하급수적으로 증가하는 데 반해 인간의 생리적 대역폭은 극도로 제한되기 때문이다. 또한 인간의 생물학적 인체는 유지 관리가 까다로운 데다 허약하고 기능에 문제가 생기기 쉽다.

학자들이 특이점에 주목하는 이유는 생물학적 사고와 존재, 그리고 기술이 융합해 여전히 인간적이지만 생물학적 근원을 훨씬 뛰어넘는 세계를 만들 수 있다고 생각하기 때문이다. 특이점 이후에는 인간과 기계 사이에, 또는 물리적 현실과 가상현실 사이에 구분이 사라질지 모른다는 뜻으로 1950년대의 전설적인 컴퓨터 학자 존 폰 노이만은 다음과 같이 말했다.

"기술의 항구한 가속적 발전으로 인류 역사에는 필연적으로 특이점이 발생할 것이며 그 후의 인간사는 지금껏 이어져온 것과는 전혀 다른 무언가가 될 것이다.”

여기에서 노이만은 매우 중요한 두 가지를 거론했다. 가속과 특
이점이다. 가속이란 인간의 발전이 선형적이 아니라 기하급수적으
로 변한다는 것이다. 그런데 이러한 기하급수적 증가가 최초의 예측
을 뛰어넘을 수 있다. 처음에는 더디게 시작되어 눈에 띄지 않지만,
어느 단계를 넘으면 폭발적으로 증가해 완전한 변화를 갖고 온다.

1965년 『최초의 초지능 기계에 관한 고찰』을 출간한 어빙 존
굿은 다음과 같이 적었다.[14]

> “가장 영리한 사람의 모든 지적 활동을 능가하는 초지능
> 기계가 있다고 생각하자. 기계의 설계도 지적 활동에 속하므로
> 초지능 기계는 보다 뛰어난 기계를 설계할 수 있을 것이다. 그
> 러면 의심할 여지없이 지능이 폭발적으로 증가되고 인간의 지
> 능은 한참 뒤처질 것이다. 최초의 초지능 기계가 사람이 만들
> 게 될 마지막 발명품이 될 것이다.”

학자들이 이렇게 예상하는 것은 현대 문명의 기술 자산이 과거
와 현저히 다르기 때문이다. 우선 포유류의 뇌에서 사용되는 전기화
학적 신호의 속도는 대략 초당 100미터로 추정하는 데 비해 기계는
거의 빛의 속도로 신호를 처리한다. 두 속도의 비는 1 대 300만이
다. 레이 커즈와일은 보다 심층적으로 이 문제를 다루었다.

"기술이 더 빠른 속도와 큰 용량으로 인간처럼 기술을 설계하고 조작할 수 있게 되면 기계들은 자신의 설계, 즉 소스 코드에 접근해서 그것을 변형시킬 수 있을 것이다. 인간이 현재 생명공학을 통해 유사한 작업을 하지만 미래의 어느 순간 기계가 자신의 프로그램을 스스로 수정하게 된다면 차이는 현저하게 벌어질 것이다."

커즈와일은 특이점의 순간, 즉 인간 지능이 비생물학적 지능과 융합해 수조 배 확장되는 순간이 수십 년 안에 올 것이라고 전망했다. 특이점이 머지않아 도래할 것이라는 주장과 아직 그럴 단계가 아니라는 주장이 팽팽하게 맞서고 있는 것은 사실이다. 이 질문에 대해 2014년 『슈퍼인텔리전스』를 발표한 닉 보스트롬은 매우 현실적인 문제로 이 질문을 답한다.

"어느 날 기술적으로 초지능이 가능해진다고 할 사람들이 그것을 발전시키려 하는가에 대한 질문에 대부분 긍정적으로 답할 것이다. 초지능을 발전시키는 도로의 매 단계마다 엄청난 경제적 이득을 얻을 수 있기 때문이다. 더 좋은 컴퓨터와 소프트웨어, 더 나은 의약품, 지루하거나 위험한 작업을 사람이 하지 않도록 만드는 것, 오락 등등이다. 물론 인공지능 발전에는 강력한 군사적 동기도 도외시할 수 없다. 중요한 것은 이런 발전의 과정에 자연적으로 멈출 만한 지점이 없다는 점이다. 기술 공포증을 지닌 사람들이 '여기까지는 괜찮지만 더는 안 돼'

라고 인정할 만한 중간 단계란 존재하지 않는다는 뜻이다."

커즈와일은 특이점이란 가속으로 발전하던 과학이 폭발적 성
장의 단계로 도약함으로써 완전히 새로운 문명을 낳는 시점을 뜻한
다. 그런데 그는 특이점이 필연적으로 등장할 수밖에 없으며, 그 시
점도 보통 사람들의 생각과는 달리 머지않았다고 주장한다.

커즈와일은 첫 번째 주장의 근거로 이른바 GNR(유전공학, 나노
기술, 로봇 공학 및 인공지능) 혁명을 꼽았다. GNR 혁명이 진행되다 보
면 인류의 문명이 생물학을 넘어서는 순간이 올 수밖에 없다는 것이
다. 유전공학을 통해 생물학의 원리를 파악하고, 나노기술 등을 통해
그 원리들을 자유자재로 조작할 수 있게 되면 이미 인간은 물질적으
로 신적 존재와 다름없어진다는 것이다. 여기에 쐐기를 박는 것은 인
공지능이다. 물질계를 전적으로 통제하고 인간을 넘어서는 인공지
능이 있다면 문명은 생물학적 인간들의 손을 벗어난다는 것이다.

두 번째 주장의 근거는 '기술 가속의 법칙'이다. 미래의 전 산
업 분야가 본질적으로 정보기술이 되므로 인류의 모든 기술이 가속
적으로 발전한다는 것이다. 과거라면 100년은 걸렸을 신기술의 접
목이 단 1년 만에 벌어지는 현재를 볼 때 그 속도는 더욱 빨라진다는
주장이다.[15]

여기에 1996년 미국의 인공지능 연구자인 엘리저 슐로모 유
드코프스키도 『특이점을 응시하면서』에서 특이점의 불가피성에 대
해 적었다.

"우리의 유일한 책임은 우리보다 영리한 무언가를 만들어내는 것이다. 그 다음에 발생할 문제들은 우리가 해결해야 할 것이 아니다. (……) 어려운 문제란 없다. 특정한 수준의 지능에게 어려운 문제가 있을 뿐이다. 특정 수준 지능에게 불가능했던 것이 조금 높아진 수준의 지능에게는 쉬운 것이 된다. 현저히 높은 수준의 지능에게는 모든 것이 쉽다."

유드코프스키가 이야기한 내용의 뜻을 잘 이해할 것이다.

신인류의 탄생

많은 연구자가 인공지능의 특이점이 미래 지구촌의 핵심이라고 설명한다. 이는 할리우드의 배우, 작가, 실무 인력들이 2023년의 거의 절반을 인공지능과 투쟁했다는 것으로도 알 수 있다. 인공지능이 등장하면서 보여준 스토리텔링 능력에 놀란 작가들은 스토리를 구성하고 디테일을 채워 넣는 능력이 더 이상 작가만의 것이 아님을 알아차렸다.

이뿐이 아니다. 미드저니Midjourney, 스테이블 디퓨전Stable Diffusion, 달리 같은 이미지 생성형 AI는 원하는 이미지를 글로 묘사하면 순식간에 여러 개의 이미지로 만들어내는 능력을 가졌다. 이미지가 마음에 안 들면 다시 명령을 내려 즉시 수정하게 할 수도 있다. 오픈AI가 공개한 최신 버전의 AI는 단 몇 줄의 문장으로도 순식간에 실제 사람 같은 외양을 갖춘 다양한 가상 인물들이 일본 도쿄의 거리를 걸어가는 장면을 만들어낼 수 있음을 보여줬다.

배우, 작가들이 만든 수많은 창작 작품을 학습한 AI가 폭발적인 능력을 발휘하는 것을 보면, 앞으로 이들의 일자리가 사라질지 모른다는 우려가 결코 과장이 아님을 알 수 있다. 이들이 5개월 가까운 파업에 돌입한 것은 그야말로 절박함 때문이다.

결론을 먼저 말한다면 할리우드 배우노조SAG-AFTRA와 제작자 연맹AMPTP은 장기간 협상한 끝에 3년 유효 기간을 가진 합의에 이르렀다. 제작자들은 배우의 사전 동의 없이 AI를 사용해 배우의 얼굴, 목소리 등을 복제하거나 합성할 수 없으며, 새로운 대사를 생성하거나 이미 연기한 대사의 내용을 수정할 수 없다. AI를 사용해 대본을 수정할 경우 원작가에게 추가 보상을 지급해야 한다. 그리고 향후 AI 기술의 사용에 관한 연구·개발을 공동으로 진행하기로 했다.

하지만 불씨는 여전히 남아 있다. 이미 스마트폰과 컴퓨터로 언제든지 사용할 수 있는 생성형 AI가 많이 등장했기 때문이다. 단지 할리우드 작가들의 작품을 정당한 대가 지불 없이 AI가 학습하는 것을 금지한다고 해서 AI로 인한 일자리 상실을 막을 수 있을까?

19세기 초 기세등등했던 러다이트 운동(1811~1817년 영국 중·북부의 직물공업 지대에서 일어났던 기계파괴운동)은 결국 기술혁신의 파고를 넘을 수 없었다. 그래서인지 생성형 AI가 못하는 영역이 거의 없을 정도로 발전하는 상황에서 인간의 일자리가 희생되는 것은 불가피하다는 시각도 많다.[16] 이 문제는 뒤에서 다시 설명하겠다.

신인류 등장

가까운 미래에 새로운 종류의 신인류가 등장할 수 있다는 말에 무슨 뜻이냐고 반문하는 사람이 많을 것이다. 현대 고고학은 일반적으로 약 700만 년 전 아프리카의 '투마이'로 시작된 인간류가 진화에 진화를 거듭하면서 수많은 인간류로 분화되었다. 그중 현재의 호모사피엔스사피엔스가 약 20만 년 전에 등장해 현 인류가 되었다고 설명한다.

물론 현 인류의 완벽한 가계는 완성되지 않았다. 특히 과거에는 호모사피엔스사피엔스가 호모사피엔스로 불리는 네안데르탈인을 완전히 대체했다고 설명했지만, 2023년 노벨 생리의학상을 수상한 스테판 페보 박사는 한국인을 포함한 상당수의 DNA에 네안데르탈인과 데니소바인의 DNA가 포함되어 있다고 설명했다.

아직 고고학 분야에서 우리의 과거를 명확하게 밝히지 못하고 있다는 뜻인데, 이들과 전혀 다른 신인류가 등장한다는 말에 놀라지 않는 사람들이 없을 것이다. 최근 이야기되는 신인류는 네안데르탈인, 데니소바인, 크로마뇽인과 성격을 완전히 달리하는 고도로 발달한 인공지능을 뜻한다.

미래학자인 카이스트의 국가미래전략기술 정책연구소장 서용석은 인공지능, 로봇·생명공학의 발전으로 세 종류의 신인류가 등장할 날이 머지않았다며 다음과 같이 전망했다.

① 기계와 인간을 결합한 '사이보그'

신인류는 고도로 발달한 인공지능을 뜻한다.

② 로봇에 AI를 탑재한 '안드로이드'

③ 유전자 조작으로 태어난 '강화인간' 또는 '증강인'

　　이들을 신인류로 본다면 사실 껄끄러운 문제가 생긴다. 대체 인간이 누구냐 하는 것이다. 과거부터 철학자들의 주된 사고는 동물과 인간의 구분이다. 철학자들은 논리적으로 사고하고 판단하는 능력인 이성이 있으면 인간이고, 본능과 감정만 있으면 동물이라고 설명했다. 이런 관점에서 본다면 이성적으로 판단하는 능력이 있는 사이보그와 안드로이드, 강화인간 등을 어떻게 정의하느냐에 대한 정답 찾기가 쉽지 않다는 것을 보여준다.

　　지구상의 절대적 존재인 인간이 신인류, 즉 인공지능과 공존해야 한다면 우선 인간이란 무엇인지부터 정리하고 신인류와의 관계를 정립하는 것이 중요하다. 더불어 현재 일어나고 있는 AI 기술의 발전이 인간의 자유의지에 미치는 영향이 지대하므로 이 문제도 짚고 넘어가야 한다. 매우 흥미로운 예가 제시된다.

> "자율주행 차량용 AI를 학습시킬 때 시속 30킬로미터 어린이보호구역 규정 속도를 모든 차량 운전자가 의무적으로 지키게 만든다. 그런데 생명이 위급한 환자를 옮기는 119 차량 운전자도 자유의지와는 관계없이 규정 속도를 지켜야 한다."

서용석은 이런 과정에서 인간의 자유 의지가 조금씩 상실될 수 있다고 경고했다.[17] 캐나다의 미래학자인 마셜 매클루언은 매우 의미심장한 이야기를 한다.

> "인간이 도구를 만들지만, 도구가 다시 인간을 만든다."

지금까지 인류가 수많은 도구를 발명해 문명과 사상, 제도 등을 발전시켜 왔다. 그리고 매클루언의 말처럼 인간이 만든 기술(도구)이 인간의 생각과 행동을 바꾸고, 나아가 인간의 삶과 사회, 문명까지 변화시켰다.

그런데 인공지능 시대의 상황은 과거와 원천적으로 다르다. 현존 호모사피엔스사피엔스가 이전에 경험하지 못한 전혀 새로운 인류와 함께 살아가야 한다는 것을 재촉한다. 인간이 인공지능, 즉 인간의 도구가 아닌 인간과 공존하거나 공진화하는 동반자로 살아가야 한다는 뜻이다. 일단 인공지능이 지구상에 태어난 이상 이를 완전히 배제한다는 것은 불가능하다.

여기에서 의문은 현 단계에서 인공지능이 인간을 뛰어넘을 가능성이 정말로 있는가이다. 한마디로 현 상태에서 인공지능의 수준을 어느 정도로 인정할 수 있느냐로 귀결된다. 현재까지 개발된 인공지능을 넘어 새로 등장하는 AI가 정말로 인간, 즉 신인류로 대우받을 정도로 업그레이드될 수 있느냐이다.

인간이 개발한 인공지능 자체는 큰 틀에서 인간이 개발한 무생물임은 분명하다. 그럼에도 신인류라고 콕 집어서 인류라는 말을 붙이는 것은 인공지능을 살아 있는 생명체나 인격체로 볼 정도로 인간과의 접근이 가능하다는 것을 전제로 한다. 그런데 이 전제의 경우 AI가 사람의 감정을 흉내 낼 수 있다 하더라도 스스로 감정을 갖지 못하는 약점이 있다.

인공지능에 후한 점수를 주는 일부 학자들은 인공지능의 발전상을 볼 때 그동안 인간과 다른 생물종을 구별하는 절대 기준이던 이성이라는 개념을 신인류에 적용하는 것이 타당하지 않다고 지적한다. 그동안 인간이 정한 기준 자체를 〈그녀HER〉의 사만다에 적용하면 '버그'가 날 수 있다는 것이다.

일부 학자들이 지적하는 논지는 간단하다. AI와 공존하는 포스트 휴먼 시대에는 인간의 정체성에 대한 새로운 시각이 필요한 시점이 되었다는 것이다. 현재도 AI가 상당 부분에서 인간에게 큰 영향을 미치고 있지만, 미래의 어느 순간 인공지능이 한 차원 높게 인간 앞에 선다면 이를 신인류라 부르는 데 부족함이 없게 된다는 것이다. 서용석의 설명은 흥미롭다.

"앞으로 외출할 때 무슨 옷을 입을지, 심지어 결혼 상대자
를 선택할 때도 AI에 물어 도움을 받는 날이 올 수 있다. 미래
세대의 AI에 대한 과도한 의존성은 'AI 중독'으로 이어질 수 있
다."

요즘 어린이들과 청소년들의 스마트폰 의존도가 갈수록 높아
지면서 이를 '스마트폰 중독'으로 표현하기도 한다. 서용석의 말은
미래의 신세대들은 'AI 중독'을 넘어서 인간과 신인류 간에 공감대
가 설정될 수 있다는 주장이다.[18] 이와 같은 주장이 대두될 수 있는
기본 요건은 간단하다. 그동안 진행된 인공지능에 대한 개발 내역이
지구인들의 상상을 초월할 정도로 앞서고 있다는 뜻이다. 여기에서
핵심은 약한 인공지능과 강한 인공지능이다.

인공지능 = 신인류

미국 철학자 존 설John R. Searle은 1980년 인공지능에 대해 다음과 같
이 설명했다.

" '인간에게 도움을 준다'라는 개념을 약한 인공지능Weak
AI이라고 설명하는 반면 '인간과 똑같이 수행한다'라는 것은

강한 인공지능Strong AI이라 할 수 있다.”

이 용어는 지능의 행동적, 실용적 관점을 연구하기 위해 소프트웨어를 사용하는 것을 말한다. 즉 소프트웨어가 실제로 지능을 가졌다고 주장하는 것이 아니라, 단지 지능에 대한 가설을 평가하기 위해 사용하는 툴에 불과하다는 것이다.[19]

인공지능이 과연 인류의 축복일까, 아니면 재앙일까라는 화두는 인공지능이 인간들의 생태계로 들어올 때부터 던져진 질문이라 볼 수 있다. 네티즌 ‘백설공주’는 인공지능이 인류에게 축복이라며 이는 인공지능이 인간에게 편리함과 생산성 향상이라는 선물을 주기 때문이라고 적었다.

> “그동안 지구를 석권한 제1차 산업혁명을 이끈 증기기관의 개발로 인간은 수많은 혜택을 누리기 시작했다. 인간이 힘을 써야 하는 고된 노동과 수작업으로 하나씩 제품을 만든 것을 기계가 대량으로 생산할 수 있도록 해주었다. 인간은 끊임없이 편리함을 추구한다. 그런 인간의 욕구를 기계가 채워준 것이다.”

사실 산업혁명의 여파로 대량생산이 생산성을 향상시켜서 물질적인 풍요를 누리도록 해주었다. 이후 일어난 디지털 기술은 증기기관 등과는 비교할 수 없을 정도의 편리함을 인간들에게 주었다.

정보통신 기술의 발전은 인간이 머리를 쓰지 않아도 컴퓨터가 필요한 것을 대신 계산하고 정리해준다. 인간은 필요할 때마다 컴퓨터에 들어 있는 정보를 꺼내서 활용하면 된다. 아무리 멀리 떨어져 있는 사람이라도 손에 들고 있는 스마트 폰만 있으면 얼굴을 보며 언제든지 통화할 수 있다. 세탁기는 혼자 빨래를 하고 말려주기까지 한다. 인공지능으로 장착된 3D 프린터는 못 만드는 것이 없을 정도다. 자동차 부품을 즉석에서 프린터로 만들어내고 콘크리트 집을 뚝딱 만들기도 한다.

무엇보다 인공지능은 인간의 수명을 연장하는 데 큰 기여를 한다. 몸 속 깊은 곳에 어떤 병이 있는지 사진을 찍고 피를 뽑아서 검사하면 기계가 찾아내준다. 아픈 부위에 칼을 대지 않고도 수술이 가능해졌다. 인공지능이 발달해 사망률 1위인 불치병 암도 정복이 가능하다고 한다.

인공지능은 인간의 삶을 풍요롭게 해줄 수 있다. 인간의 특성을 간파한 실제 같은 게임들은 재미와 쾌락을 선물해주고 있다. 삶의 질도 향상시켜준다. 또한 인공지능을 장착한 최첨단 제품들은 생산성을 향상해 경제가 성장하도록 돕는다. 경제가 성장하니 조금이라도 더 안락하고 편리한 삶을 추구할 수 있어 인공지능은 인간에게 축복이라고 말할 수 있다.

그러나 인공지능이 인류에게 축복만 선물해 주지는 않는다. 가장 잘 알려진 이야기는 스티븐 호킹의 경고이다.

"인공지능은 인류의 멸망을 초래할 수 있다. 진화가 느린 인간은 자체 계량이 가능한 AI의 등장으로 경쟁에서 밀리고 결

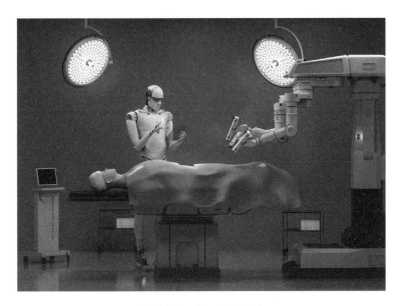
인공지능은 인간의 수명을 연장하는 데 큰 기여를 한다.

국 AI에 대체될 것이다.”

김장현 교수는 인공지능이 그리스 신화에 나오는 켄타우로스 케이론의 검과 같다고 적었다. 인공지능라는 양날의 검을 통해 파괴도 치유도 가능하며, 야수적 본능과 현자의 지혜까지 지닐 수 있다는 것이다. 김장현은 더불어 다음과 같이 말한다.

“AI는 상상할 수 있는 최극단의 파괴를 일으킬 수 있는 무시무시한 무기이자, 고속의 대량 정보처리를 통해 업무상 최고의 효율성도 달성할 수 있게 해주는 도깨비 방망이가 될 가능성도 갖고 있다. 더욱 극적인 부분은 우리가 아직 AI 시대의 초입에 서 있을 뿐이라는 점이다. 유아부터 노인까지 세대를 불문하고 AI 시대의 명암과 AI의 원리를 공부하지 않으면 우리는 머지않아 찾아올지 모를 인공지능 AI 특이점의 희생자가 될 수도 있다."[20]

인공지능을 정의하는 설명이 많지만, 일반적으로는 '문제를 푸는 기능'이라고 설명하기도 했다. 과학이 발전하면서 인공지능은 단순히 문제 풀이에서 지능을 실제적으로 구현하기까지 하는 업그레이드된 단계에 이르렀다. 이제는 인공지능이 신인류로 불러도 될 정도의 단계에까지 올랐다는 것이 현 과학 시대의 설명이다.

그렇다면 인공지능을 신인류로 부를 정도의 기준이 무엇이냐는 문제로 귀결된다. 학자들은 이를 약한 인공지능과 강한 인공지능의 차이로 설명한다.

3

약한 인공지능

'강한 인공지능'과 '약한 인공지능'은 1980년 존 설이 제안한 '중국
어 방 논증Chinese Room Argument'에서 최초로 사용했다. 존 설은 강한
인공지능이란 '말 그대로 마음mind이며, 인지적 상태를 가지는 적절
하게 프로그래밍된 컴퓨터'라고 말했다. 한마디로 실현 불가능하다
는 뜻이다.

　존 설은 인공지능이 인간과 비슷한 행위를 한다는 이유로 인지
적 상태를 지녔다고 말할 수 없다는 것이다. 그는 이를 '중국어 방'
사고 실험으로 설명했다.

　　"어떠한 방이 있고 그 방 안에는 중국어로 된 문답표와 필
　　기구가 있다. 이 방에 영어만 아는 사람이 들어간다. 방 밖에서
　　중국어를 할 줄 아는 사람이 중국어로 된 질문지를 넣었을 때,
　　영어밖에 모르는 사람이 문답표를 보고 질문에 맞는 답을 적어
　　방 밖으로 내보냈다면 방 밖에 있던 중국어를 할 줄 아는 사람

은 방 안에 있는 사람이 중국어를 할 줄 안다고 판단할 수 있지만 실제로는 그렇지 않다."

다소 헷갈리는 이야기인데 레이 커즈와일은 『특이점이 온다』에서 '중국어 방'에 대해 다음과 같이 말했다.

"인간은 뇌가 있으므로 생각이란 것을 할 수 있다. 하지만 뇌는 결국 뉴런들의 집합일 뿐이며 이 부품 뉴런 하나하나는 생각을 할 수 없다. 뉴런 하나는 단순히 물리, 화학 법칙을 따라서 작동할 뿐이다. 다만 이 부품들이 모여서 뇌라는 하나의 시스템을 이룰 때 비로소 생각이라는 것을 할 수 있게 되고 중국어를 이해할 수 있게 되는 것이다.

이를 기초로 하면 중국어 방 논증 또한 시스템을 구성하는 요소들, '방', '방 안의 사람', '매뉴얼'은 중국어를 이해하지 못해도 무방하다. 즉 이들이 모여서 '중국어 방'이라는 하나의 체계를 이뤄 중국어로 아무 문제없이 소통할 수 있다면 이 '시스템'은 중국어를 이해하고 있다고 해도 무방한 것이다."[21]

어렵게 생각되지만 현재 인공지능이 개발되고 활용되는 모양이 '중국어 방'과 크게 다르지 않다는 설명이다. 일반적으로 인간의 마음을 복잡한 정보처리로 구현한 것을 강한 인공지능으로, 단순히 인간의 능력 일부만을 모방하거나 그런 작업을 목적으로 하는 것을 약한 인공지능으로 설명한다.

강한 인공지능 = 인간을 완벽하게 모방한 인공지능

약한 인공지능 = 유용한 도구로 설계된 인공지능

한편으로는 인간의 마음을 컴퓨터 소프트웨어와 같은 관점으로 보고 행하는 인공지능을 '강한 인공지능', 반대로 인간의 마음과는 별개로 단지 유용한 도구의 개발을 위해 행하는 인공지능을 약한 인공지능으로 분류하기도 한다.

사진에서 물체를 찾거나 소리를 듣고 상황을 파악하는 것은 인간 능력의 기본이다. 그런데 이런 일들을 인간은 쉽게 해결할 수 있으나 컴퓨터로 처리하는 것은 간단한 일이 아니다.

컴퓨터는 인간에 비해 압도적인 계산 속도, 기억 능력, 정확성, 근면성 등의 장점을 가지고 있다. 하지만 물체 인식, 음성 인식, 문자 인식 등을 컴퓨터가 처리하는 것이 간단치 않으므로 인간이 당연하게 생각하는 모든 행위를 수월하게 처리하지 못한다. 컴퓨터가 프로그래머들이 설계한 알고리즘을 초고속으로 처리하고 지시에 맞게 데이터를 기억하고 기억해내는 것은 가능하다. 하지만 이런 방대한 양의 데이터들의 의미를 인간처럼 이해하고, 인식하고, 축적하고, 새로운 결론을 도출해내는 것은 수학적인 알고리즘만 갖고는 처리할 수 없다.

전문가들은 그동안 인간이 만들어낸 인공지능이라고 불리는 것들은 모두 약한 인공지능이라고 설명한다. 그동안 인공지능이라고 개발된 것은 큰 틀에서 미리 정의된 알고리즘, 방대한 데이터를 토대로 비교적 지능적으로 보이는 행동이나 결정을 하는 정도의 수준이다.

약한 AI의 대표 사례는 스팸메일 필터링, 이미지 분류, 기계 번역 기술 등이다. 구글 포토의 경우 '동물'이라고 입력하면 알아서 동물 사진만 인식해 불러온다. 이는 구글 포토가 '동물', '음식' 등 수백만 개의 보기, 즉 데이터를 가지고 있는 상황에서 기계가 그중 하나를 고른다.

알파고도 약한 AI로 설명하는 이유는 간단하다. 알파고가 '인간이 둘 수 없는' 창의적인 수를 두지만 알파고는 오직 확률만 따질 뿐이다. 알파고는 이길 수 있는 확률이 높은지 낮은지 여부만 연산해서 착수를 결정한다.

인공지능에 대한 설명으로 어느 자료에도 등장하는 것이 고양이 찾기이다. '귀가 뾰족하고 네 발이 보이는 사진'이라는 사전 지식을 입력해 고양이 사진을 찾아내는 식이다. 이때 고양이의 귀나 다리가 사진에서 잘 안 보이면 기계는 당연히 고양이 사진이 아니라고 분류했다. 사전 지식의 내용과 다르기 때문이다.

이 방식을 업그레이드시킨 것이 딥러닝이다. 딥러닝은 이러한 사전지식을 사용하는 것이 아니라 일단 데이터를 넣어놓고 기계가 스스로 특성을 분류한다. 이때 무작정 데이터가 많다고 좋은 것은 아니다. 실제로 고양이 사진이 무엇인지 알려주는 이른바 '정답' 데이터가 많아야 한다.

반면에 머신러닝은 크게 알고리즘, 데이터, 하드웨어 인프라로 구성되어 데이터의 양이 많을수록 품질이 올라간다. 이를 위해 엄청난 데이터를 처리할 인프라가 확보되어야 한다. 현대인들이 요긴하게 사용하는 번역기나 음성인식도 머신러닝을 응용한 사례다.

이는 알파고가 이세돌 9단을 꺾었지만 엄밀한 의미에서 '바둑 두기'라는 바둑 인간 고수의 능력 일부를 흉내 내었다고 설명하는 이유이기도 하다. 알파고가 바둑의 최고 고수인 이세돌 9단을 꺾었다고 해서 장기를 둘 수 있는 것은 아니다. 이는 바둑이 아닌 장기 프로그램이 따로 필요하기 때문이다.

이와 달리 사람은 장기를 잘 두는 사람들 중 바둑도 잘 두는 사람이 많다. 전혀 다른 게임이지만 바둑을 두는 사람에게 몇 가지만 귀띔을 해주면 장기를 둘 수 있다. 그러나 천하의 알파고도 곧바로 장기를 둘 수 없음은 물론이다. 결국 알파고의 엄청난 능력도 인간 프로그래머가 설계한 범위 이상으로 발전하지 못한다는 한계가 있다.

물론 일부 학자들은 약한 인공지능도 인간의 능력을 한참 초월하고 있다는 데 방점을 찍는다. 단순히 주어진 문제를 해결하는 능력은 약한 인공지능이 강한 인공지능보다 더 뛰어날 수 있다고 주장하기도 한다. 하지만 인공지능은 어떤 규칙에 따라 결론을 내리더라도 제한된 범위에서만 문제를 해결할 수 있다. 인공지능이 왜 그렇게 해결했는지를 알 수 없다면 '약한 인공지능'이라 불러도 무방할 것이다.[22]

강한 인공지능

강한 인공지능이란 약한 인공지능에 대비되는 의미로 만들어진 용어이다. 약한 인공지능이 어떤 특정한 한 가지 분야의 주어진 일을 인간의 지시에 따라 수행한다면, 이런 제한된 기능을 뛰어넘을 경우 강한 인공지능으로 부른다. 학자들은 그동안 강한 인공지능이라고 부를 만한 수준의 인공지능은 아직 개발되지 않았다고 설명했다. 과거에는 체스를 둘 수 있거나 바둑을 잘 둘 수 있다면 인간과 비슷하지 않을까라고 생각했다.

강한 인공지능이란 인간의 지성을 컴퓨터의 정보처리 능력으로 구현한 시스템이다. 여기에서 중요한 것은 인간과 동일한 지성을 가진 프로그램이든, 뇌를 통째로 스캔을 떠서 컴퓨터로 돌리든 상관없다는 점이다. 강한 인공지능 자체가 인간과 같은 생명체가 아니기 때문이다. 바로 이 점이 강한 인공지능에 대해 우려를 표명하는 부분이다.

이 문제는 철학적인 명제와도 관련이 있다. 기계가 어느 정도의 일을 해야 인간과 동등하다고 볼 수 있는지도 불분명한 것이 사실이다. 특정한 일의 수행 가능 여부를 기준으로 인간의 지성 유무를 판단하는 것에 문제가 있음은 물론이다. 그림을 보거나 소리를 듣는 것이 인간만 가능하다고 생각했지만, 이 능력은 컴퓨터가 인간보다 월등하다는 사실이 이미 확인되었다.

컴퓨터가 인간과 비슷한 수준의 일을 할 수 있는 단계까지 올라 있다고 하지만 강한 인공지능이 정말로 무엇인가에 대해서는 이론의 여지가 있다. 인간의 의식, 마음, 생각에 대해 아직도 인간의 지식이 미천하기 때문이다. 문제는 인공지능이 인간의 뇌를 완벽히 모방한다고 해서 인간을 제대로 안다고 말할 수 있는 것은 아니라는 점이다.

일부 학자들은 위에서 언급된 중국어 방 논변이나 튜링 테스트를 볼 때 인간이라야만 인간과 같이 행동하는 것은 아니라고 지적한다. 인간의 지능을 인간처럼 구현하면 인간의 지능이 발휘되었다고 볼 수 있다는 것이다.

반면에 컴퓨터가 문제를 이해하지 못하더라도 계산과 정보처리를 통해 그 문제에 맞는 답을 찾아 제시할 수 있지만, 이는 문제를 이해하는 능력이 있다고 인정한다 할지라도 지능을 가졌다고 볼 수는 없다고 주장하는 학자들도 있다. 컴퓨터가 강한 인공지능의 능력을 보여주더라도 그 알고리즘이 인간이 구사하는 진짜 의식의 결과는 아닐 수 있다는 것이다.

여기에서 지적되는 것은 막상 '인간의 지성이라는 것은 무엇인가'에 대한 정확한 해답이 아직도 나오지 않았다는 점이다. 과학

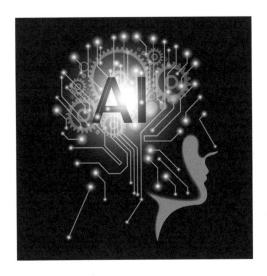

인공지능이 인간의 뇌를
완벽히 모방한다고 해서
인간을 제대로 안다고
말할 수 있는 것은 아니다.

자들이 저마다 강한 인공지능의 출현 시기를 예측하더라도 인간의
지성 자체를 확인하지 못한 지금 이에 대한 정답을 요구한다는 것은
무리라는 주장이다.

강한 인공지능은 일반적으로 모든 상황에 대해 스스로 행동과
학습이 가능하며, 그것을 수행할 수 있는 인간 수준의 지능을 지닌
경우를 뜻한다. 그런데 수많은 SF 영화의 영향으로 사람들이 AI 하
면 떠올리는 보편적인 이미지는 강한 인공지능이다. AI가 뭐든 할
수 있다고 믿지만 이것이 정말로 가능할까? 만약 가능하다면 언제
출현하느냐가 관건이다.

그런데 2023년 3월 오픈AI와 연계한 마이크로소프트(MS)가
「AGI의 불씨: GPT-4에 대한 초기 실험」이라는 논문을 발표했다.
GPT-4와 AGI(인공 일반지능)의 연관성을 다루었는데, 이것이 일
론 머스크가 오픈AI를 고소한 근거가 되었다. 오픈AI가 AGI를 개발

하고 있다는 결정적인 증거라는 것이다. 머스크의 주장과는 달리 많은 전문가는 그동안 개발된 인공지능을 면밀히 분석해보면 겉보기에 인간처럼 말과 행동을 하더라도 결국 그것은 철저한 계산과 정보 처리를 통한 결과일 뿐이므로 정말로 지능을 가졌다고 볼 수 없다고 말한다.

학자들은 강한 인공지능을 크게 다음 세 가지의 관점에서 설명해야 한다고 말한다.

① 인간의 마음을 구현

인간의 마음을 구현한다는 것은 인간과 같이 행동하는 동시에 그 행동에서 인간이 느끼는 느낌을 표현할 수 있어야 한다는 것을 뜻한다.

② 인간의 능력을 포괄적으로 구현

인간이 할 수 있는 기능을 포괄적으로 구현하느냐이다. 입력과 출력이 인간과 유사하면 강한 인공지능이라는 것이다. 여기에서 인간의 느낌이 구현되지 않아도 인간이 하는 역할을 구현하면 강한 인공지능이라 볼 수 있으므로 중국어 방 논증을 피할 수 있다. 주목되는 것은 첫째 관점에서 주장하는 '강한 인공지능'이 만들어질 가능성이 낮으므로 인간과 구분할 수 없는 인공지능을 만드는 것을 굳이 목표로 할 필요가 없다는 주장이다.

③ 인간보다 우월한 종의 등장

강한 인공지능은 인간보다 우월한 지성이라는 의미를 포함한다는 것이다. 인간 수준의 인공지능이 탄생한다면 인공지능이 인간의 지능을 초월하는 것은 자연스러운 일이라는 뜻이다. 바로 신인류이다.

강한 인공지능으로 무장한 인공지능을 신인류로 부르는 이유를 이해할 것이다. 한마디로 강한 인공지능으로 무장한 인공지능은 그동안 인간으로 설명되는 모든 덕목을 갖출 수 있다는 것이다. 이는 인공지능이 같은 기술을 최상의 상태로 구현하며 발전하면서 지식의 공유가 빠르므로 인공지능이 인간을 능가하는 초지성이 될 것이라는 입장이다.

물론 깐깐한 학자들은 인간보다 우월한 지적 능력을 가진다는 의미가 인간이 할 수 있는 두뇌 활동의 전반을 의미하는 것은 아니라고 반론을 제기한다. 신인류를 거론하는 자체가 어불성설이라는 것이다. 인공지능은 항상 같은 기술을 최상의 상태로 구현하며 지식의 공유가 빠르므로 인공지능이 인간을 능가하는 초지성이 될 것이라는 입장인데, 이에 해답을 주는 것이 만만치 않음을 느낄 것이다.

한편으로 인공지능의 한계가 분명하다고 지적하는 학자들도 있다. 이들은 현재 등장하는 AI들이 인간과 비슷한 수준의 일을 하는 것처럼 보이지만, 강한 인공지능이라고 설명하려면 적어도 '인간처럼 진짜 의식이 있는 것'과 '프로그램처럼 외부에서 볼 때 의식이 있는 것처럼 보일 뿐인 것'의 구분을 명확히 해야 한다고 주장한다. 이 말은 아직 '인간의 지성이라는 것은 무엇인가?'에 대한 정확한 정의조차 해답이 나오지 않았다는 것이다.[23]

강한 인공지능의 요건

그동안 지구상에 등장한 AI는 한정된 환경에서만 가치를 발휘했다. 빅데이터를 활용해 분석하는 딥러닝 시스템을 활용하는 알파고도 기본적으로 단순히 데이터를 분석하고 최선의 답을 제시하는 데 그쳤다.

그런데 강한 인공지능은 그동안의 AI와는 차원을 달리한다. '보다 인간에 가까운 AI'인데, 인간이 하는 모든 지적 작업이 가능하다. 세계적으로 선풍을 일으킨 SF 만화 『철완 아톰』에 등장하는 아톰, 영화 〈A.I.〉에 등장하는 데이빗, 영화 〈바이센테니얼 맨〉에 등장하는 앤드류를 상상하면 된다. 즉 인간처럼 생각하고 인간처럼 행동하는 것이 바로 강한 인공지능, AGI이다.

물론 강한 인공지능이 반드시 인간에 가까운 형태, 즉 휴머노이드를 취할 필요는 없다. 과거의 AI와 마찬가지로 컴퓨터나 슈퍼컴퓨터처럼 기계 속에서 작동하는 강한 인공지능도 존재한다. 얼마나 인간적인 사고를 하는지, 다양한 상황에 대처할 수 있는지가 강한 인간지능으로서의 가치를 판가름한다.

학자들은 구체적으로 강한 인공지능이 일반 AI를 뛰어넘는 요건으로 다음 세 가지를 제시한다.[24]

> ① 다양한 환경과 문맥에서 사용할 수 있어야 한다.
> ② 사용자가 예상하지 못한 문제점을 해결할 수 있어야 한다.
> ③ 어떤 문제를 다른 문제에서도 응용하여 생각할 수 있어야 한다.

이러한 능력을 갖춘 강한 인공지능은 창의성을 갖춘 존재로 설명한다. 이는 보다 사소한 문제에서부터 보다 큰 문제의 답을 도출해내는 방식이다. 알파고가 바둑 전용 소프트웨어지만 체스나 장기 같은 다른 게임 또는 인간이 겪는 여러 문제 등에도 대응할 능력을 갖춘다는 말이다. 일반 AI가 창의성으로 무장한다면 지금까지 부분적으로만 문제를 해결하는 것에서 벗어나 다른 분야의 문제도 해결할 수 있게 된다는 뜻이다.

이 말을 쉽게 설명하면 이렇다. 알파고는 바둑에만 특화된 프로그램이므로 체스, 장기나 카드 등은 하지 못한다. 그러나 인간은 바둑도 두고 장기, 카드, 화투를 하는 데 문제가 없다. 물론 잘하느냐는 개인에 따라 다르지만 알파고처럼 전혀 둘 수 없다는 것은 다른 이야기이다. 학자들은 딥러닝 시스템이 단순한 데이터 분석 연구에서 시작되었지만 이들을 네트워크로 연결하면 이런 제약을 넘어설 수 있다고 말한다. 이것이 계속 업그레이드되면 결국 인간에 가까운 판단까지 하는 단계로 진화할 수 있다고 본다.

그동안 약한 인공지능으로 인식되던 알파고가 2016년 3월 등장한 지 몇 년이 지나지 않은 2022년 11월 소위 강한 인공지능으로까지 불리는 오픈AI의 GPT가 등장한 이유는 간단하다. 인간 사회의 조직과 구조가 더욱더 다양해지고, 다양한 가치관이 생겨나는 프로그램으로 변모하고 있기 때문이다.

4차 산업혁명 사회의 기본은 변화와 진화이다. 현재 경제, 투자 분야에서 활용되는 AI 기술과 시스템을 핀테크라 부른다. 그러나 인공지능을 동원하더라도 앞으로 시장이 어떻게 변할지, 어떤 제품이나 서비스가 생겨날지는 예측할 수 없다는 것이 현실이다.

　이는 AI가 '현재 상황을 분석'하는 일만 할 수 있기 때문이다. 그런데 의료 분야만 하더라도 인간들의 라이프스타일 변화로 다양한 질환이 생겨나고, 수명이 연장되면서 새로운 질병이 발생할 수도 있다. 이때 강한 인공지능 AGI가 있다면, 기존의 데이터와 환자 개개인의 데이터를 비교 분석해 환자가 지금 어떤 상태에 놓여 있는지, 어떤 치료를 실시해야 하는지, 그러려면 어떤 의약품이 개발되어야 하는지와 같은 답을 도출해낼 수 있다.

　사실 AGI를 개발하는 이유는 어디까지나 인간 사회, 인간의 생활을 지원하는 존재로서의 임무 부여이다. 인간의 뇌로는 예측할 수 없는 문제에 대한 힌트를 주는 것이다. 그런데 인간이 살아온 진화와 변화의 축을 감안하면 이런 과정을 인공지능이 답습할 수 있다. 문제는 이럴 경우 『철완 아톰』, 〈A.I.〉, 〈바이센테니얼 맨〉의 AI가 아니라 AGI에 의해 〈터미네이터〉, 〈매트릭스〉 같은 디스토피아가 올 수도 있다는 것이다. 사실 AGI가 낳을 디스토피아에 대한 우려가 나오는 것은 최근의 일만은 아니다.

　일본의 연구자들이 모여 만든 '전뇌全腦 아키텍처 이니셔티브'는 지금까지 해온 것처럼 AI에서부터 접근하는 것이 아니라 목표라 할 수 있는 뇌 쪽에서부터 접근하는 방식을 취하고 있다. 또한 오픈 커뮤니티 '팀Team AI'도 기존의 특화형 AI가 아니라 AGI의 개발을 전문으로 하는데, 2018년 3월 휴머노이드 연동 AGI의 프로토타입을 발표했다. 인간에 가까운 휴머노이드 모습으로 인간과 같은 감정과 윤리관을 갖고 있으며 재현하기 어려운 다른 사람의 마음을 '헤

아리는' 일까지 가능하다고 한다.[25)

미국 매사추세츠공과대학교MIT의 연구원 러스 테드레이크가
개발한 '토들러'는 자립보행 로봇인데, 부착된 센서를 통해 주위 상
황을 파악하고, 기울기나 움직임의 속도를 조절하면서 넘어지지 않
고 진행할 수 있다. 토들러의 특징은 주변 상황에 맞춰 자신의 행동
을 적응시킬 수 있다는 점이다. 토들러는 한 번도 걸어본 적이 없는
장소에서도 20분 정도 걸으면 땅에 맞춰 걷는 방식을 적응시켜 걷
는다고 한다.

일본 나루웨어 AI 테크놀로지가 개발한 범용 인공지능 '루나
LUNA'는 오픈AI의 챗GPT와 유사한 기능을 갖고 있다. 빅데이터를
읽어 고객을 관리하거나 서비스를 향상시키는 등 영업 컨설팅을 할
수도 있는데, 질문에 즉흥으로 대답하는 능력도 겸비하고 있다. 같은
질문에 질문자의 상황에 맞춰 답변을 바꾸기도 한다. 일본 나루웨어
AI 테크놀로지의 CEO인 바루아 비조이는 다음과 같이 말한다.[26)

"루나는 스스로 생각하는 능력이 있으며, 질문에 대해 정
확한 답변을 한다. 정보 검색 및 이미지도 조사할 수 있다. 대화
의 폭도 매우 넓다. 같은 질문에 대한 답변이 언제나 똑같지 않
으며, 날에 따라 다른 반응을 보임으로써 대화가 오래 지속된
다는 특징도 가지고 있다."

강한 인공지능을 개발하려면 단순하게 생각할 때 AI를 적절하
게 병렬하면 해결되는 것처럼 보인다. 각각의 특화된 분야를 조합하

여 강한 AI를 만들면 약점이 없는 지능을 만들 수 있을지도 모른다. 문제는 강한 인공지능을 그런 식으로만 만들 수 없다는 점이다. 일본 도완고 인공지능연구소 소장 야마카와 히로시 야마카와는 다음과 같이 말한다.[27]

> "부족한 데이터를 채우면서 추론하는 능력을 갖추려면, 기존의 지식을 유연하게 조합하는 기술이 필요한데 이의 개발에는 많은 시간이 걸린다."

강한 인공지능의 출현은 언제쯤?

강한 인공지능에 대해 학자들이 급격한 반응을 보이는 것은 충분히 이해가 되는 일이다. 강한 인공지능은 일반적으로 모든 상황에서 스스로 행동과 학습이 가능하며, 그것을 수행하는 인간 수준의 지능을 지닌 경우를 뜻한다고 설명했다.

수많은 SF 영화의 영향으로 사람들이 AI 하면 떠올리는 보편적인 이미지는 강한 인공지능이다. 한마디로 AI가 뭐든지 할 수 있다고 믿는 것이다. 그러나 이것이 정말로 가능할까? 만약 가능하다면 언제 출현하느냐는 다른 문제다.

이에 학자들은 신중하다. 오픈AI의 챗GPT가 인간의 입장에서 봤을 때 일반적으로 보이는 문제를 해결한 것으로 보이지만, 정말로 앞으로 미래에 드러날 모든 문제에 일반적으로 적용할 만한 지능은 아니라는 시각이다.(현재 오픈AI의 챗GPT가 외에 수많은 같은 부류의 GPT가 등장했지만, 이를 오픈AI의 챗GPT로 통칭해 설명하겠다.) 사실 인공지능 학자들의 꿈은 강한 인공지능을 구현하는 것이다. 그러나 전문가들은 현 단계에서 이를 강조하는 것은 투자를 받기 위한 마케팅의 일환이라는 주장도 주저하지 않는다.[28]

현 단계에서는 컴퓨터를 프로그래머들이 직접 설계하지만, 인공지능의 수준이 인간급으로 발전하면 인공지능 스스로 컴퓨터를 설계하는 것이 가능하며, 더 나아가 인공지능 자신이 그 자신보다 더더욱 뛰어난 인공지능을 개발하는 것이 가능해질 수 있다. 즉 인공지능에 의해 발전된 인공지능이 더 우수한 지적 능력으로 더 우수한 시스템을 구성하고, 이 사이클이 반복되면 상상할 수 없는 결과를 만들어낼 수 있다는 것이다. 〈터미네이터〉에서 기계족이 인간들을 멸종시키기기 위해 자가 보존은 물론 인간처럼 모든 방법을 사용하는 그런 상황이 올 수 있는 것이다.

참고로 이 책에서는 인공지능을 '약한 인공지능'과 '강한 인공지능'으로 설명했지만, 학자에 따라서는 '초지능 AIsuper AI 또는 초인공지능Artificial Super Intelligence·ASI'으로 설명하기도 한다. 초인공지능은 강한 인공지능이 진화한 형태로 인간보다 1000배 이상 뛰어난 지능을 가진 AI를 말한다. 초인공지능은 효율, 자기보존, 자원 획득, 창의성 등의 원초적 욕구를 기반으로 끊임없이 자가 발전한다는 것이 특징이다. 강한 인공지능과 초인공지능이 큰 틀에서 같은 내역을 포함하므로 이를 구분하지 않고 '강한 인공지능'으로 설명하겠다.[29]

빅테크의 혈투

인공지능을 '약한 인공지능'과 '강한 인공지능strong AI'으로 설명하지만 전문적인 내용이 대부분이므로 선뜻 이해하기가 쉽지 않다. 특히 인공지능, 즉 로봇류를 신인류로 부를 수 있다니 대체 무슨 이야기냐고 반문한다. SF 영화 〈그녀〉에 나오는 사만다가 신인류라니 의아해할 수밖에 없다.

이 문제가 초미의 관심사로 부상한 것은 세계 빅테크 CEO 중 한 명인 일론 머스크가 전혀 예상치 못한 행보를 보인 때부터였다. 그가 오픈AI를 고소해 강한 인공지능 AGI를 현실세계로 끌어내었기 때문이다. 머스크의 행보는 빅테크계를 놀라게 했다. 우선 그가 오픈AI를 고소한 것 자체가 그의 전력으로 볼 때 혼란스러웠다. 머스크는 오픈AI 설립 초창기 멤버로 가장 중요한 역할을 한 장본인이다. 그는 경영권 다툼에서 밀려 오픈AI에서 손을 떼면서 오픈AI가 결코 성공할 수 없다고 악담했다. 그러면서 자신도 오픈AI와 마찬가지로 직접 AI 연구를 계속했다.

문제는 머스크의 예상과는 달리 오픈AI가 챗GPT를 개발해 세계를 석권하기 했다는 점이다. 그가 오픈AI에서 손을 떼고 AI 연구를 계속했음에도 자신의 회사는 결과를 내놓지 못했는데, 오픈AI가 그 없이도 성공한 것이다. 오픈AI가 승승장구하자 머스크의 대안은 그야말로 세계를 놀라게 했다. 오픈AI의 GPT 코딩을 모두 공개해야 한다며 소송을 제기한 것이다.

1

소스 오픈

일론 머스크가 오픈AI의 창업주로 설사 경영에서 밀려났다고 해도 자신이 운영하던 회사를 고발하는 것은 간단한 일이 아니다. 그런데도 천하의 머스크가 자신이 키운 회사를 고소했다는 것은 그에 대한 충분한 필요충분조건이 있어야 하는데, 과연 그것이 무엇이냐이다. 머스크의 고소가 알려지자 언론사들이 벌떼같이 달려들었음은 물론이다.

미국의 『월스트리트저널』은 「머스크 대 만인everyone : AI 시대의 새로운 투쟁」이라는 제목으로 다음과 같이 적었다.

> "머스크는 자신의 라이벌을 근본적으로 결함투성이에다 가치가 없는 사람들로 몰아가고 있다. AI 시장에서 뒤처져 있다고 생각하는 머스크의 다급함이 표출된 결과이다."

빅테크를 주도하는 일론 머스크와 샘 올트먼의 혈투가 두 사람에게 쌓인 앙금의 표출이라는 뜻이지만, 오프AI의 GPT를 그대로 방관하다가는 미래의 지구촌, 즉 인공지능 세상의 핵심이 될 수 있다고 머스크가 생각했다는 것이다. '특이점'이 오픈AI로 이미 시작되었으니 이를 바로 잡아야 한다는 것이다.

그러나 머스크가 오픈AI에 딴지를 거는 동안 빅테크의 움직임은 상상할 수 없는 단계로 이어진다. 오픈AI가 생성형 AI 생태계에서 기선을 잡고 나가자, 마이크로소프트MS는 곧바로 오픈AI와 전략적 제휴를 맺고 발 빠르게 초반 주도권을 확보하는 데 성공했다. MS는 오픈AI에 130억 달러라는 대규모 투자를 단행하고, 자사 검색엔진인 '빙Bing(코파일럿으로 변경)'에 GPT를 적용했다. 이것은 MS가 보다 공격적인 전략을 구사하면서 구글이 장악한 검색엔진 시장에 도전장을 내밀었다는 뜻이다.

구글이 가만히 있을 리 없었다. 구글 모회사 알파벳은 '알파고'를 만든 딥마인드와 구글 내 AI 조직인 구글브레인을 합병하고 발 빠르게 대항에 나섰다. 구글은 또한 챗GPT를 개발한 오픈AI의 핵심 연구원인 대니엘라 애머데이 등이 독립해 2021년에 만든 인공지능 스타트업 앤스로픽의 지분 10퍼센트를 3억 달러에 확보하더니, 이어서 20억 달러를 투자했고 AI 챗봇 '클로드2'를 출시했다. 클로드2를 챗GPT의 대항마로 내세운 것이다. 구글은 클로드2가 챗GPT보다 유해한 결과물을 생성할 가능성이 적다고 강조했다.

생성형 AI는 오픈소스가 기본

상상할 수 없는 경제 원리이다. 세계 시장을 요동치게 만든 오픈AI의 독주에 대항하는 방법 중 하나를 오픈AI의 핵심 개발자를 통해 확보한 것이다. 전문가들은 '클로드2'를 '구글의 두 번째 칼'로 평가한다. 구글이 원천적으로 보유하고 있는 거대 언어 모델LLM '바드'와 '클로드2'를 연합해 오픈AI에 대항하려는 전략이라고 분석한다.

다소 이해하기 어려운 일은 이런 경우 비도덕적인 상행위, 즉 스파이 행위라고 비난받기 마련인데도 반론이 제기되지 않았다. 이는 GPT 자체가 오픈 프로그램으로 관련된 주요 논문이 사전에 발표됐고 구글, 메타(페이스북) 등 빅테크 기업들이 이미 유사한 성능의 시스템을 확보하고 있기 때문이다. 이미 오픈 시스템으로 수많은 아이디어가 공개되었으므로 경쟁 회사로 옮긴 직원이 챗GPT를 개발한 핵심이라 하더라도 기술 유출 등을 거론할 문제가 아니라는 뜻이다.

원래 인공지능의 연구 분야는 코드 등을 공개하는 오픈 시스템이 관행이었다. 챗GPT를 만든 오픈AI도 처음에는 공개를 원칙으로 했음이 사실이다. 오픈AI의 챗GPT, 즉 인공지능이 세계 시장을 재빠르게 석권할 기미를 보이자 빅테크 기업들이 자체 정비를 하고 발 빠르게 반격에 나설 수 있는 것은 오픈AI의 챗GPT가 독점 프로그램이 아니기 때문이다.[30]

소스를 오픈하라

머스크가 올트먼의 오픈AI를 고소하면서 요구한 명제는 오픈AI가 개발한 기술을 모두 공개하라는 것이다. 머스크는 오픈AI가 개발하여 공표한 GPT 자체가 인간을 뛰어넘는 강한 인공지능 AGI라고 강조했다.

머스크가 이처럼 주장한 것은 인공지능을 연구할 때 사용하는 핵심 툴Tool, 즉 코드 등을 공개하는 오픈 시스템이 그동안 AI 개발에서 기본이었기 때문이다. 원래 인공지능의 연구 분야는 코드 등을 공개하는 오픈 시스템이 관행이었다. 챗GPT를 만든 오픈AI도 머스크가 관여한 처음에는 공개를 원칙으로 했지만, 개발 비용이 워낙 많이 들어가는 데다 MS가 투자하자 폐쇄 시스템으로 바꾸었다.[31]

머스크는 올트먼이 발표한 GPT가 AGI임을 분명히 하면서 자신과 올트먼이 비영리 법인 오픈AI를 설립한 과정을 자세히 적었다. 머스크는 자신과 올트먼이 오픈AI를 함께 꾸려갈 때 오픈AI가 인류에 이익이 돼야 한다는 원칙을 세웠다고 주장했다. 필요한 자금은 머스크가 부담하고, 오픈AI 과학자들은 자유롭게 연구할 수 있도록 만들겠다는 구상이었다고 밝혔다. 하지만 올트먼이 오픈AI로 이익을 취하려 하자 머스크가 이에 반대했다는 주장이다.

머스크의 고소가 진행되자 올트먼은 곧바로 머스크와의 경영 비밀, 즉 비하인드 스토리를 공개했다. 우선 머스크가 올트먼에게 다음과 같이 말했다는 것은 인정했다.

"나가서 직접 회사를 차려라. 오픈AI가 비영리단체로 남아야 재정적 지원을 하겠다."

머스크와 올트먼이 오픈AI 출범 당시 오픈AI가 인류에 이익이 돼야 한다는 원칙을 세운 것은 사실로 보인다. 문제는 개발에 필요한 자금인 1억 5000만 달러를 머스크가 부담한다는 조건이었지만, 머스크가 4400만 달러를 제공하고 더 이상 지불하지 않았다는 점이다. 결국 올트먼은 다른 투자자들을 찾았고, 그들이 머스크가 지불하지 않은 1억 달러를 제공하면서 머스크가 아닌 올트먼의 손을 들어주었다.

그러자 머스크는 2018년 2월 오픈AI와 결별, 즉 이사직을 사임하면서 투자금을 모두 회수했다. 머스크가 자신이 세운 회사에 미련 없이 완전히 손을 끊었다는 뜻이다. 이는 머스크가 자신이 빠진 오픈AI는 전망이 없다고 생각했기 때문이다.

챗GPT는 강한 인공지능

머스크의 소장에서 흥미로운 사실은 오픈AI가 이미 강한 인공지능, 즉 범용인공지능AGI을 개발했다고 주장한 점이다. 강한 인공지능은 인간처럼 지능을 갖춰 추리, 창의 같은 작업을 할 수 있고, 모든 분야에서 인간과 비슷하거나 더 나은 능력을 나타내는 것을 의미한다. 그동안 인공지능은 약한 인공지능 수준에 불과하며 강한 인공지능 수준에는 못 미친다는 것이 통설이었다.

약한 인공지능은 학습된 자료를 바탕으로 사람의 질문에 대답하거나 이미지를 생성한다. 이 말은 인간 사용자의 지시에 따라 최적화된 답변을 내놓지만 추론하거나 스스로 생각하는 능력이 없다는 것을 의미한다. 그러므로 대다수 전문가들은 AI를 학습시키고 훈련하는 방식으로는 강한 인공지능을 만들 수 없으며, 이를 위해서는 새로운 모델이 필요하므로 상당한 시간이 필요하다고 주장했다.

머스크조차 AGI를 만드는 데는 상당한 시간이 걸린다고 예상했다. 그러나 머스크가 오픈AI를 뛰쳐나간 지 단 몇 년 만에 오픈AI는 예상과 전혀 다른 행보를 보였다. 머스크가 오픈AI에 강타를 당한 것이다. 문제는 머스크가 신경 쓰지 않은 오픈AI가 빅테크들을 잠식할 기세로 성장하면서 머스크의 회사조차 영향을 받을 수 있다는 섬이다.

오픈AI의 챗GPT가 공개된 뒤 그 파장이 얼마나 컸는지는 빅테크들의 동향을 보면 안다. 당시 챗GPT의 등장으로 위기감을 느낀 빅테크들은 자신들이 개발 중인 GPT류를 업그레이드해 곧바로 출시했다. 검색으로 세계를 주도하는 구글은 2023년 5월 검색을 포함해 이메일, 안드로이드, 클라우드 등 대부분의 제품에 인공지능 '바드Bard'를 앞세웠다.

빅테크 중에서 후발주자인 메타는 오픈AI에 대항해 '라마Llama2'를 공개했다. 가장 주목되는 것은 애플도 생성형 AI에 도전장을 내밀었다는 점이다. 애플은 그동안 AI 분야를 도외시했으나, 인공지능의 돌풍에 놀라 '애플GPT'라고 불리는 AI챗봇을 개발했다. 애플의 이런 전략 변화는 인공지능의 돌풍에 따른 위기감이 작용했기 때문이다. 아무리 빅테크라 할지라도 흐름에 따라가지 못하면 잠재적으로 중요한 변화를 놓칠 수도 있다는 우려를 떨치기가 어렵다.[32]

여하튼 AGI는 영역 구분 없이 주어진 일을 해내는 것은 물론 지능과 사고 능력을 갖춰 추리, 창의 같은 작업도 할 수 있다는 것은 잘 알려진 사실이다. 그런데 머스크가 오픈AI가 운용하고 있는 인공지능 챗GPT가 실제로는 AGI라고 주장하는 것은 매우 중요한 의미를 갖는다.

천하의 머스크가 오픈AI의 인공지능이 AGI 수준에 도달했다는 것을 공개적으로 인정한 셈이기 때문이다.

머스크가 오픈AI가 가진 모든 것을 공개해야 한다고 주장한 명분은 간단하다. 머스크는 이미 AGI 단계에 이른 오픈AI의 인공지능이 그동안 인공지능 개발 단계에서 보였던 문제점을 해결하고 보다 업그레이드해 이를 뛰어넘는다면 인간에게 치명타를 안길 수 있으므로 이를 미연에 방지해야 한다고 주장했다.

그렇다면 머스크는 왜 오픈AI의 챗GPT가 AGI라고 판단했을까? 그는 2023년 MS 연구진이 「AGI의 불꽃Sparks of AGI」이라는 논문에서 오픈AI의 GPT가 수학, 코딩, 의학, 법학 등에 걸쳐 새롭고 어려운 과제를 해결할 수 있고, 인간에 가까운 성능을 보였다고 발표한 것을 근거로 들었다. 머스크는 오픈AI가 챗GPT 유료 고객을 대상으로 서비스하는 GPT-4 모델이 AGI라고 주장했다. 그는 오픈AI가 2020년 9월 MS와 AI 기술 이전 계약을 체결했는데, 이때 'AGI 이전 기술'을 제공한다고 명시했다는 것도 지적했다.[33)]

여기에서 핵심은 현재 챗GPT가 강한 인공지능, AGI임에도 오픈AI가 폐쇄형 소스를 통해 세계의 빅테크인 MS의 사실상 자회사로 변모했다는 주장이다. 즉 오픈AI가 활용하는 챗GPT 자체가 AGI이므로 오픈AI가 개발한 기술을 MS가 이전받을 수 없다는 내용이다. 이런 약점을 『뉴욕타임스』는 다음과 같이 보도했다.

"오픈AI는 MS와의 거래 조건 때문에 AGI를 만들더라도 인정할 수 없는 역설에 빠졌다."

그러나 머스크의 소송이 만만치 않다는 것은 그동안 머스크의 소송 과정을 보아도 알 수 있다. 머스크는 오픈AI가 설립 당시 '비영리와 오픈소스' 사명을 어기고 MS의 자회사가 됐다며 미국 법원에 소송을 제기했는데, 그는 곧바로 해당 소송을 철회했다. 그러더니 8월에 새로운 명목을 추가해 다시 소송했고, 11월에는 MS를 피고로 추가했다.[34]

위험한 오픈소스

머스크가 오픈AI를 고소한 이유는 간단하다. 오픈AI의 GPT가 강한 인공지능의 능력을 보이는데, 이 자체가 인류에 부작용을 초래할 우려가 있으니 오픈AI의 프로그램을 공개해 파생될 문제를 사전에 막아야 한다는 것이다. 그런데 그의 주장은 액면 그대로 믿을 수 없을 정도로 매우 복잡하다. 사실 이 문제는 갑자기 제기된 것이 아니다.

1997년 컴퓨터 '딥 블루Deep Blue'가 체스 세계 챔피언 가리 카스파로프를 여섯 번의 대국에서 물리쳤을 때이다. 엄밀하게 말해 딥 블루는 체스를 두기 위해 만들어졌는데, 단순한 체커 게임에서는 인간에게 패배했다. 그러나 이후 계속 개량된 알파고는 바둑의 고수 이세돌 9단을 2016년에 격파했다.

알파고의 등장에 학자들이 놀란 것은 알파고가 인공 신경망을 이용한 머신러닝인 '딥 러닝'을 사용하면서 거의 완전히 독학으로 습득한 지식을 활용해 이세돌을 격파했기 때문이다. 영국 케임브리지대학교의 실존적위험연구센터는 곧바로 이 사실의 후폭풍을 지적했다.[35]

"AI 시스템이 점점 더 강력해지고 더 보편화되면서, 많은 또는 거의 모든 영역에서 인간의 성취보다 더 우수한 슈퍼 지능이 될 수 있다. 우리는 우리가 무엇을 원하는지 모른다."

인공지능의 문제점이 확대되기 전에 인간이 통제력을 되찾아야 하는데, 이를 위해 시스템을 구축하는 등 전체 기반을 바꿔야 한다는 주장이다.

여기에서 또 다시 인간의 자질이 등장한다. 인간류는 약 700만 년 전 지구에 태어나 진화라는 긴 과정을 거쳐 발전해왔다. 인간은 어떤 지시에 맹목적으로 순응하는 것이 아니라 어떤 문제가 있을 때 이를 해결하는 능력을 갖고 대처해왔다. 그런데 알파고가 상당 부분 독학으로 문제점을 해결하는 것을 볼 때 인공지능도 그런 과정, 즉 인간의 명령대로 따르지 않을 수준으로 진화할 수 있다. 바로 강한 인공지능이다.

인공지능이 고삐 풀린 말처럼 작동하면 예상할 수 없는 재앙이 인간들에게 닥칠 수 있음을 SF 영화 〈터미네이터〉, 〈매트리스〉 등이 잘 보여준다. 〈터미네이터〉에서는 로봇이 인간을 공격하며, 〈매트리스〉에서는 인간이 기계의 에너지원으로 사용된다. 이런 결과를 우리 인간은 상상하는 것조차 껄끄러울 수밖에 없다.

『양립할 수 있는 인간 : AI와 통제의 문제Human Compatible: AI and the Problem of Control』를 쓴 버클리대학교의 스튜어트 러셀 박사는 BBC와의 인터뷰에서 "『할리우드 맘The Hollywood meme』이라는 책에서는 항상 기계가 자연스레 의식을 갖게 되고, 인간이 싫다는 판단을 내려 인류를 죽이려고 한다"고 말하며, 그러나 로봇은 감정이 없으므로 "그것은 전혀 걱정할 일이 아니다"라고 말했다. 러셀은 "인간들이 걱정해야 할 것은 인공지능이 가지는 사악한 의식이 아니라 능력이다"라고 밝혔다.[36]

인간이 잘못 지정한 목표를 아주 훌륭하게 수행해내는 그 능력을 걱정해야 한다는 말이다. 그런데 오픈AI의 GPT 시리즈가 바로 강한 인공지능 단계에 들어선 것이다.

러셀은 매우 흥미로운 예를 들었다. 러셀 교수는 "우리가 AI를 만드는 방식은 어쩌면 램프의 요정 지니와 비슷하다"며 "램프를 문질러 지니가 나오면, '이게 생겼으면 좋겠어'라고 말한다"고 설명했다. 그런데 지니는 세 번째 소원으로 '앞의 소원 두 개를 취소해줘, 목표를 잘못 정했어'라고 하는 것이 문제이다. 옳지 않은 목표를 추구하는 기계는 사실상 인류의 적이 된다. 그 적은 우리보다 훨씬 더 강력하므로 인공지능이 의도치 않게 인류를 파괴할 수 있다. 〈터미네이터〉, 〈매트릭스〉 등에 나오는 바로 그 장면이다.

AGI의 진화 속도

'AI의 대부'로 불리는 제프리 힌턴 캐나다 토론토대 교수의 이야기는 다소 섬뜩하다.

> "10년 내 사람을 죽이는 AI 로봇이 나올 것이다. 앞으로 5~20년 사이에 AI가 주도권을 장악하려는 문제에 직면할 가능성이 50퍼센트 정도 된다. (……) AI가 인간의 생물학적 지능보다 발달한

형태로 설계됐으므로 이 같은 상황이 인간에게 '멸종 수준의 위협'
이 될 것이다."

스탠리 큐브릭 감독의 영화 〈스페이스 오디세이 2001〉(1968)에는
HAL-9000이란 이름의 인공지능이 등장한다. 미국영화협회AFI가 선정
한 100대 악역에서 에일리언을 제치고 13위를 차지할 정도로 유명세를
갖고 있다. 영화에서 HAL은 임무 완수를 위해 우주선에 탄 인간 승무
원들을 죽이려고 한다. HAL처럼 '악의'가 아니라 논리적인 계산을 거쳐
AI가 인간을 적대한다는 내용은 AI가 등장하는 소설과 영화 등에서 단
골로 등장한다.

AI는 기본적으로 정해진 알고리즘에 따라 업무를 수행한다. 데이
터를 학습하고 알고리즘에 따라 추론하는 것이 AI의 역할이다. 하지만
인터넷이 발전하면서 AI가 학습할 수 있는 데이터가 폭증했고, 어마어
마한 양의 데이터를 학습시킬 수 있는 컴퓨팅 파워가 등장했다.

'트랜스포머'와 같은 혁신적인 AI 알고리즘도 나왔다. 그 결과가 바로 초거대 AI다. 초거대 AI는 방대한 학습량을 기반으로 텍스트, 이미지는 물론 소리, 영상까지 생성해낼 수 있는데, 바로 오픈AI의 인공지능이 그것이다. 오픈AI를 필두로 구글, MS, 메타, 아마존 등 주요 빅테크가 연일 새로운 기술을 쏟아내고 있다. 인간의 전유물로 여기는 창작 영역도 AI가 빠르게 침범하고 있다.[37]

힌턴을 비롯해 유발 하라리, 노벨 경제학상 수상자 대니얼 카너먼 등 전문가 25명은 AI 기술이 빠르게 발전하는 만큼 엄격한 규제를 도입해야 한다고 제언했다. 특히 빅테크 기업이 보다 엄격한 위험 점검을 수행하도록 강제해야 한다고 주장했다. 물론 AI가 인류에게 도움이 될 것이라는 'AI 부머boomer'도 존재하는데 이들은 AI가 '세계 불균형을 해결할 핵심 기술이 될 것'이라는 시각이다.

현재 학자들이 우려하는 것은 AI가 주어진 명령을 수행하는 데 그치지 않고 중간에 필요한 업무를 스스로 찾아내 결과물을 도출하는 'AI 에이전트'로 진화할 수 있다는 점이다. 전문가들은 AI의 최종 진화 형태를 강한 인공지능AGI으로 보고 있다. AGI는 주어진 모든 상황에서 인간처럼 추론, 학습하고 문제를 해결하는 능력을 갖춘 AI로 인간의 명령 없이도 스스로 판단하고 일할 수 있다. 아직 AGI의 명확한 판별 기준이나 정의는 없지만 오픈AI는 '인간보다 똑똑한 AI 시스템'으로 AGI를 정의하고 있다. 학자들은 AGI가 현실화하면 AI 규제를 둘러싼 논란이 만만치 않을 것으로 생각한다.

물론 인간을 뛰어넘는 AGI가 과장됐다는 주장도 있다. 'AI 부머'는 AI가 인류에게 도움이 되며, AI가 '세계 불균형을 해결할 핵심 기술이 될 것'이라고 예상한다. 얀 르쿤 미국 뉴욕대 교수도 AI 부머 중 한 명이다. 그는 "인간 수준의 AI가 등장할 시기를 예측하는 것은 어렵고 위험도 과장됐다"고 평가했다.

AGI에 대한 설명이 지나치게 과장되었다는 주장도 있지만, AGI 진화 속도가 놀랍다는 것은 전문가들의 일치된 견해이다. 많은 SF 영화에서 디스토피아 상황을 그리는 주요 요인으로 AGI의 등장을 꼽는다. CNN에 따르면 구글, 엔드로픽, 〈엔비디아〉 등이 모두 2028년까지 AGI에 도달할 수 있다고 공개적으로 밝혔다.

이런 위협에 대응하기 위해 구체적으로 긴급 규제 안전장치와 새로운 AI 감독 기관을 만들고, AI 모델 훈련에 사용할 수 있는 컴퓨터 성능을 제한하는 방안 등을 제시했다. AI가 재앙적인 위험을 포함한 심각한 위험을 가져올 수 있으므로 이에 대한 현명한 대책이 필요하다는 뜻이다.

다소 놀라운 일이지만 인공지능의 위험성을 한껏 부각시킨 일론 머스크의 주장이 큰 파장을 불러일으켰지만, 인공지능 진영이 머스크의 지적대로 움직이지는 않고 있다. 머스크가 우선 오픈AI의 소스를 모두 공개해야 한다고 말하지만, 전문가들이 머스크의 주장에 전적으로 동조하지 않는 것은 오픈AI의 GPT는 머스크가 주장하는 기술 단계가 아니라고 판단해서이다.

가장 중요한 지적은 인공지능의 기본 방식인 딥러닝으로는 당장 AI가 자의식을 갖는 일이 일어나지 않는다는 것이다. 인공지능의 개척자로 불리는 앤드루 응 교수는 인공지능의 능력이 폭발적으로 발전한다하더라도 AGI 개발에 30년 이상이 필요하다고 예측했다. 물론 30년

이란 대체로 1세대를 뜻하므로 그렇게 먼 미래가 아니지만, 컴퓨터의 발전사를 볼 때 30년은 다른 분야의 300년보다도 긴 시간으로 설명된다.

이 말을 정확하게 표현하면 머스크의 주장은 올트먼을 공격하기 위해 오픈AI를 과대 포장하고 있다는 것이다. 그동안 알파고가 등장한 것을 볼 때, 언젠가 강한 인공지능이 등장한다 하더라도 적어도 오픈AI의 GPT가 유의미한 AGI는 아니라는 설명이다.[38]

특이점 문을 두드리다

머스크가 자신이 키우려 했던 오픈AI를 공격한 큰 틀은 강한 인공지능으로 무장된 인공지능이 폭발적으로 발전해 인류의 이해를 뛰어넘는 '특이점'의 문을 넘어서면 지구인들에게 걷잡을 수 없는 혼란을 줄 수 있다는 것이다. 머스크는 오픈AI가 GPT-2로 GPT-4를 가르쳐 GPT-3~3.5 수준의 성과를 냈다고 발표했는데, 이것이 바로 강한 인공지능이라고 주장했다.

이를 간략하게 설명하면 2019년 개발한 GPT-2가 GPT-4를 학습시켰다는 것을 의미한다. 큰 틀에서 GPT-4의 성과에는 미치지 못하지만, 적어도 GPT-2를 활용해 GPT-2.5~3.0 수준보다는 높은 성능을 만들 수 있다는 말이다. 이는 컴퓨터가 컴퓨터를 교육시킬 수 있음을 보여준 것이다.

현재 머신러닝은 AI가 답을 내놓으면 인간이 피드백을 입력하는 '인간 피드백 강화 학습RLHF'으로 이뤄진다. 같은 매개변수(파라미터)를 넣더라도 강화학습을 진행하는 인력의 능력에 따라 최종 생성형 AI의 성능이 결정된다. 그런데 오픈AI가 내놓은 결과는 인간의 개입이 없어도 GPT-2의 최적화가 더욱 뛰어나다는 것을 보여주었다. 오픈AI는 다음과 같이 말한다.

> "낮은 수준의 RLHF로는 AI를 초인적으로 발달시킬 수 없지만, 작은 AI 모델로 강한 AI 모델을 개선하는 것이 가능함을 보여주었다."

전문가들이 이에 주목하는 것은 AI가 보다 업그레이드된 AI를 스스로 개발하고 끊임없이 진화해 '초지능'을 돌파하면 특이점에 이를 수 있다는 가능성을 암시했기 때문이다. 현재로서는 개발된 인공지능이 오픈AI의 인간 인력 두뇌를 따라잡지 못하지만, '선생님'이 될 AI가 더 발전한다면 그 결과물이 인류를 뛰어넘을 수도 있다는 것이다. 바로 신인류이다. 오픈AI는 이런 연구를 진행한 이유로 초지능의 탄생을 대비하기 위함이라고 설명했다.[39]

> "오픈AI가 10년 내에 인간보다 훨씬 똑똑한 초지능이 탄생할 것으로 믿고 이는 잠재적으로 큰 위험을 초래할 수 있다. 인간보다 똑똑한 AI를 인간이 가르치고 감독해야 할 때를 대비하기 위해 이 연구를 수행했다."

머스크의 공격에 오픈AI가 큰 반응을 보이지 않는 것은 머스크 정도의 공격을 예상하고 기술 개발에 충분히 반영했다는 것이다. 사실 이 문제가 간단하게 끝날 것은 아니다. 하지만 머스크의 주장이 갖고 있는 약점은 그가 운영하던 회사가 그를 제쳤음에도 잘나가고 있으므로, 그가 소송을 제기하는 것이야말로 자신이 먹지 못할 밥에 초를 친다는 시각이 많기 때문이다.

인공지능 개발에 따른 우려는 하루아침에 일어난 일이 아니다. 사실상 컴퓨터가 인간의 삶으로 들어오는 초창기서부터 제기된 일로 거슬러 올라간다. 머스크는 AI가 몰고 올 문제점을 제거하기 위해 AI의 오픈화가 절대적으로 필요하다고 강조했지만, 모든 학자가 그의 주장에 손을 드는 것은 아니다.

'딥러닝의 아버지'로 잘 알려진 캐나다의 요슈아 벤지오는 머스크의 주장에 반대하는 의견을 내놓았다. 벤지오는 무엇보다 '나쁜 손'에 들어간 AI가 오히려 민주주의의 근간을 뒤흔들 수 있다는 점을 강조했다. 그는 설득 능력에서 인간을 앞설 수 있는 AI가 SNS에서 민주주의 국가의 여론을 조작하면 돌이킬 수 없는 결과로 이어질 수 있다고 우려했다. 인간보다 선동과 설득에서 훨씬 뛰어난 AI가 사람처럼 활동하며 집단 여론을 조작한다면 더욱 치명적이라는 주장이다.

"GPT-4가 인간의 생각을 움직이는 데 있어 인간보다 뛰어나다는 연구 결과가 나와 있다. 악의적인 국가 행위자가 심리 조작에 파인튜닝(최적화)한 AI를 민주주의 국가에 풀어놓는다면 특정 정치 문제에 대한 대중의 생각을 바꿀 수도 있다."

실제로 미국은 2016년 대통령 선거를 앞두고 SNS를 통해 가짜뉴스를 살포한 '러시아 게이트'로 홍역을 치른 바 있다. 벤지오는 AI의 악용을 막기 위해 허용되지 않은 연구를 차단하는 '킬 스위치kill switch'를 반도체 설계 단계에 적용해야 한다는 의견도 냈다.

특히 메타의 '라마'와 같은 오픈소스 AI를 악의적으로 수정할 수 있으므로 뛰어난 AI일수록 오픈소스화하면 안 된다고 주장했다.[40] 가장 뛰어난 AI란 오픈AI 등을 의미한다. 머스크에게 치명타를 안긴 것이다.

터미네이터는 등장할까

인공지능의 발전 추이를 볼 때 과연 AI가 인간에게 유익한 기구로만 사용될지 우려되는 것은 분명하다. 현 단계에서는 컴퓨터를 프로그래머들이 직접 설계하지만, 인공지능의 수준이 인간급으로 발전하면 인공지능 스스로 컴퓨터를 설계하는 것이 가능하다.

더 나아가 인공지능이 그 자신보다 더욱 뛰어난 인공지능을 개발하는 것이 가능해질 수도 있다. 인공지능에 의해 발전된 인공지능이 더 우수한 지적 능력으로 더 우수한 시스템을 구성하고, 이 사이클이 반복되면 상상할 수 없는 결과를 만들어낼 수 있다는 것이다. 〈터미네이터〉에서 기계족이 인간들을 멸종시키기 위해 자가 보존을 하는 것은 물론 인간을 멸종하기 위해 인간처럼 모든 방법을 사용하는 그런 상황이 등장하는 것이다.

이에 대해 학자들은 우울한 전망을 내놓는다. 특이점이 오면 현생

인공지능의 수준이 인간급으로 발전하면 인공지능 스스로 컴퓨터를 설계하는 것이 가능하다. 더 나아가 인공지능이 그 자신보다 더욱 뛰어난 인공지능을 개발하는 것이 가능해질 수도 있다.

인류는 야생 상태의 멸종위기 동물처럼 인공지능에 의해 절대다수가 도태될 수도 있다는 우울한 전망도 나온다. 〈터미네이터〉, 〈매트릭스〉 같은 디스토피아 환경이다.

많은 SF 영화와 소설에서 인간의 지능을 훨씬 능가하는 AI가 인간을 공격하는 장면이 실감나게 묘사된다. 비록 연대의 차이가 있지만 구글의 딥마인드가 개발한 알파고가 이세돌 9단을 격파하면서, 〈터미네이터〉에 등장하는 '스카이넷' 같은 AI가 인간을 공격하는 시나리오가 현실로 다가올 수 있다는 두려움도 있는 것이 사실이다. 이는 인공지능에 대한 미래가 모두 긍정으로만 흘러가지는 않는다는 생각 때문이다.

인간과 AI의 경계가 허물어지고, AI 스스로 생명체라고 인식할 수도 있다. 바로 이 점에서 AI에 대한 대처가 필요하다. 한마디로 인공지능과의 관계를 슬기롭게 풀어야 한다는 뜻이다. 우리나라의 대표적인 미래학자인 서용석 카이스트 교수는 다음과 같이 주장한다.

> "AI에 대한 규제는 '양날의 검'과 같다. AI가 인간에게 많은 편의와 풍요로움을 가져다주는 반면 윤리, 종교, 신뢰, 안전 등 인간의 다양한 삶 전반에 걸쳐 부작용도 가져올 수 있다.'

서영주 포항공대 교수도 다음과 같이 말했다.

> "AI 전쟁이 시작된 것으로 평가된다. AI가 더 똑똑해질수록 인류가 우려했던 AI의 폐해 또한 가까워진다는 것을 의미한다."

AI가 다양한 분야에서 널리 활용되는데, AI가 국가의 정책 결정에도 참여할 수 있다. 이에 대해서는 AI가 판단한 결정이 과연 공정하고 객관적일까 하는 점을 지적하기도 한다. 학자들은 인공지능으로 무장한 AI가 100퍼센트 올바른 정보를 제공한다고 장담할 수 없다고 우려한다.

대표적으로 생성형 AI가 잘못된 답변을 내놓는 이른바 '할루시네이션(환각)' 현상을 꼽을 수 있다. AI의 알고리즘을 설계하고 데이터를 선별해 AI에 학습시키는 일 등은 기본적으로 사람이 한다. 결국 사람으로 인한 편향성과 주관성을 AI가 당초부터 극복하는 것이 만만치 않다.

하지만 전문가들은 인류를 위협하거나 지배하는 AI가 현실에 등장할 가능성은 거의 없다고 말한다. 앞에서 설명했지만 알파고가 세계 최고 바둑 고수인 이세돌 9단을 꺾었다 하더라도 바둑 등 학습한 분야 외에는 할 수 있는 것이 없다. 물론 일부 영역에서 인간을 뛰어넘는 기능을 구현할 수 있지만 인간과 같은 방식, 즉 바둑이나 장기, 체스 등으로 연결해 생각하지는 못한다.

이에 대해 '특이점' 이론을 제기한 레이 커즈와일도 낙관적이다. 그는 인공지능의 세상이 되더라도 인간의 존엄과 인간성이 유지될 것이라고 주장했다. 얼마든지 개조가 가해지지 않은 순수한 현생인류로 존재할 수 있다는 뜻이다.

물론 커즈와일도 마냥 낙관적으로만 설명하는 것은 아니다. 그는 기술 발전에 따른 위험도 또한 기하급수적으로 증가할 것이므로 미리부터 가이드라인과 제도를 만들어야 한다고 전제했다. 문제가 되는 건 경계하라는 지적을 받아들이는 것이 바람직하다고 조언한다. 그러나 여기에서도 머스크를 강타한다. 인공지능 개발을 놓고 머스크의 이야기에 경도될 것은 아니라는 뜻이다. 그럼에도 인공지능이 특이점에 도달하면 유토피아로 갈지 디스토피아로 추락할지 사전에 논증이 필요하다는 데는 이론의 여지가 없다.

놀라운 행보

오픈AI의 GPT 개발을 두고 일론 머스크가 특이점이 올 수 있다는 위험성을 거론하자, 지구인들은 그의 행보를 종잡을 수 없었다. 머스크는 오픈AI의 올트먼과 손을 잡고 AI 개발에 앞장섰지만, 투자 문제로 오픈AI와 완전히 결별한 뒤 올트먼의 진격에 초를 치면서 소송을 벌였다. 지구인을 위해서라는 명분을 내세우면서 말이다.

아이러니하게도 정작 머스크 자신은 올트먼을 공격하면서도 AI 개발에서 손을 떼지 않았다. 심지어 AI 기술 확보를 결코 포기할 수 없다며, 2023년 부랴부랴 AI 스타트업 '엑스닷AIxAI'를 설립한 후 자체적으로 AI를 개발했다. 그는 오픈AI가 한창 성과를 올리던 2023년 11월 '그록1'을 선보였다. 그러나 그록 1은 이미지, 음성 등을 모두 이해할 수 있는 오픈AI와 기술적 격차가 크다는 평가를 받았다. 2025년 2월 머스크는 엑스닷AI의 최신 모델인 '그록Grok3'을 세계에서 가장 똑똑한 AI라 자찬하면서 공개했다.[41]

"그록3는 전작에 비해 10배는 유능해진 인공지능AI 모델이다."

머스크가 강조한 그록3의 강점은 '강력한 추론 능력'이다. 그록3는 AI가 즉각적인 응답 대신 깊이 있는 사고 과정을 거쳐 답변하며, 이전 버전보다 답변 속도 등이 향상됐다고 한다. 머스크는 그록3이 자신의 대답을 분석하고 오류를 인식해 보다 정확하고 신뢰성 있는 결과를 제공하며, 논리적인 일관성을 유지하므로 보다 자연스러운 대화가 가능하다고 주장했다.

머스크는 이를 실제 시연으로 보여주었다. 그록3이 오픈AI의 GPT-4o, 앤스러피의 클로드 3.5 소네트, 딥시크의 V3 등 경쟁사의 AI 모델과 대비해 고급 수학, 과학, 코딩 분야 벤치마크(성능 측정)에서 가장 높은 점수를 받았다는 것이다. 그는 2024년 미국 수학경시대회AIME 문제로 모델을 평가한 결과 구글의 제미나이2는 36퍼센트, 딥시크의 V3는 39퍼센트, 오픈AI의 GPT-4o는 9퍼센트, 앤스로픽의 클로드 3.5 소네트는 26퍼센트의 정답률을 보인 데 비해 그록3는 52퍼센트로 최고점을 획득했다고 주장했다.[42]

'그록'이라는 명칭은 로버트 A. 하인라인가 쓴 화성 탐사 관련 SF 소설 『낯선 땅 이방인Stranger in a Strange Land』에서 유래한다. 머스크가 화성에 지구인 100만 명을 이주시키겠다는 프로젝트와 연계한다는 의지를 보여준다는 시각이다.

"엑스닷AI의 사명은 우주의 본질을 이해하는 것이고, 그러기

위해 절대적이고 엄격한 진실을 추구하는 AI를 만들었다.'

여하튼 머스크는 여러 면에서 지구인들을 혼란스럽게 만들었는데, 머스크가 AI 챗봇 고도화에 속도를 내는 이유 중 하나가 바로 잘나가는 오픈AI에 대한 반감 때문이라는 분석이 많다. 머스크가 보기에 오픈AI가 비영리 목적과 달리 MS의 이익을 위해 운영되고 있다는 것이다. 머스크가 자신의 기대대로 움직이지 않는 오픈AI를 고소한 것은 오픈AI를 망하게 만들려는 의도가 역력하다.

머스크는 소송을 제기하면서 다른 한편으로는 오픈AI의 가치를 인정해 올트먼에게 오픈AI를 947억 달러(약 141조 원)에 인수하겠다고 제안해 또 한 번 세상을 놀라게 했다. 오픈AI를 947억 달러에 사겠다는 것은 오픈AI가 그만큼 엄청난 가치가 있다고 선언한 것이나 마찬가지다. 다소 상식적이지 않다고 생각하겠지만, 미국인들의 사고가 남다르다는 말은 잘 알려진 사실이다. 그러나 올트먼도 만만한 사람은 아니다.

"고맙지만 당신이 원한다면 트위터를 97억 4000만 달러(약 14조 원)에 사겠다."[43]

머스크는 오픈AI에서 퇴출된 후 엑스닷AI를 급조해 만든 후 그록2를 발표했지만 오픈AI에 비견이 되지 않는다고 평가받았다. 약 1년 후 머스크는 그록3을 공개하면서 성능이 월등히 개선되었다고 자화자찬했다. 그런데 그의 말이 놀랍다.

"그록3이 성숙하고 안정되면 몇 달 안에 전작인 그록2를 오픈 소스로 공개하겠다."

그러나 머스크는 엑스닷AI를 유료 구독자에게만 공개한다고 발표했다. 오픈AI의 프로그램 전체를 공개하라고 주장하면서 자신에게 이미 구세대가 된 그록2는 무료로 공개하지만, 그록3은 폐쇄형 유료 구독으로 운용하겠다는 것이다. 머스크의 말이 모순이 아닐 수 없다.[44]

머스크의 이러한 행보는 빅테크인 구글, 오픈AI, 메타 등이 총력으로 글로벌 AI 경쟁에 돌입하고 있으므로 그만큼 마음이 조급해져서일 것이라는 해석이 많다. 딥테크(첨단 기술을 바탕으로 사회에 큰 영향을 줄 수 있는 기술과 이를 개발하는 기업) 시장은 한 번 기회를 놓치면 추격이 어렵다. 딥테크 시장의 속성을 감안할 때 후발주자인 머스크로서는 기술 개발과 인프라 투자 속도를 더 끌어올려야 선두자로서의 입지를 확보할 수 있다고 본 것이다. 중요한 것은 머스크가 오픈AI를 공격하면 할수록 오픈AI는 더욱 견고하게 성장한다는 사실이다.

4

인공지능 투명성

머스크의 행보가 많은 사람에게 혼란을 초래하지만, 오픈AI에 대한 고발만 본다면 그의 주장은 AI 개발에 따른 투명성을 전제로 한다. 이를 오픈소스와 폐쇄형의 경쟁으로도 볼 수 있겠다.

오픈소스란 소프트웨어의 설계도라고 할 수 있는 '소스 코드'를 누구나 쓸 수 있도록 공개하는 것을 말한다. 소스 코드를 무료로 사용할 수 있다는 뜻으로도 설명한다. 반면에 폐쇄형은 개발 업체가 소프트웨어를 완전히 소유해 외부에서 사용하려면 비용을 내야 한다. 이들 간의 전쟁은 머스크에 의해 갑자기 등장한 것이 아니다. 오래전부터 첨예하게 거론된 문제이다.

이와 관련해서는 『조선일보』 2025년 2월 21일자 기사 「오픈소스 vs 폐쇄형」에 정리가 잘 되어 있다.[45]

"대표적인 사례가 1990년대 전문 개발자용 컴퓨터 운영체제 (OS) 시장을 두고 벌어진 경쟁이다. 처음에는 성능과 보안이 뛰어난 폐쇄형 OS인 유닉스가 시장을 지배했다. 1991년 핀란드 헬싱키 공대 대학생이던 리누스 토르발스가 유닉스 계열 OS를 쓰다 불편함을 느껴 '리눅스'를 개발했다. 그는 리눅스의 핵심 설계도인 '소스 코드'를 온라인에 무료로 공개해, 외부 개발자들이 프로그램 오류를 고치거나 개량할 수 있도록 했다. 현재 사용 비율을 보면 리눅스가 유닉스를 앞서고 있다는 평가다. 리눅스는 누구나 무료로 접근할 수 있다는 장점 덕분에 모바일·자동차·스마트TV용 OS에도 활용되며 지구상에서 가장 널리 쓰이는 운영 체제가 됐다. 기업용 서버와 달리 개인용 컴퓨터(PC) 시장에선 마이크로소프트의 폐쇄형 OS인 윈도가 압도적인 1위를 달리고 있다.

2000년대 들어 오픈 소스와 폐쇄형의 경쟁은 모바일 시장에서 구글과 애플 간에 벌어졌다. 구글의 안드로이드는 리눅스 기반으로 만들어진 모바일용 오픈 소스 OS다. 누구나 내려받아 모바일 OS를 설계할 수 있다. 삼성전자·샤오미 등 스마트폰 제조사는 안드로이드를 각자 스마트폰에 맞게 개량하며 발전시켜왔다. 반면 애플은 자체 개발한 'iOS'를 아이폰에만 적용하는 폐쇄형으로 운영하고 있다. 현재 글로벌 스마트폰 시장에서 안드로이드 OS 점유율은 80퍼센트, 애플 iOS는 20퍼센트 정도다."

오픈소스와 폐쇄형의 혈투는 생성형 AI 등장과 함께 AI 시장으로 옮겨갔다. GPT(오픈AI), 제미나이(구글) 등은 폐쇄형 AI이지만, 메타·딥시크 등은 오픈소스 진영이다. 오픈소스 AI 진영의 대표 격인 메타의 마크 저커버그는 다음과 같이 말했다.[46]

"컴퓨터 초기에는 기업들이 폐쇄형 유닉스를 개발하는 데 막대한 돈을 쏟아부었으나, 지금은 오픈소스인 리눅스가 인기이다. AI도 비슷한 방향으로 발전할 것으로 믿는다."

오픈소스라고 해서 모두 무료는 아니다. 엔비디아의 AI 개발 플랫폼 '쿠다'는 AI 개발자라면 누구나 무료로 사용할 수 있지만, 플랫폼 개발과 운영은 전적으로 엔비디아가 독점하는 폐쇄형이다. 이 말은 기본적인 설계도는 무료로 공개하지만, 유지 보수나 응용 프로그램을 이용할 때마다 수수료를 받는다는 뜻이다.

물론 오픈소스를 둘러싼 논쟁에 오픈AI의 올트먼도 오픈소스 방식에 대해 전향적인 입장을 내놓았다는데 놀라운 일은 아니다. 그는 머스크 등이 오픈소스 공개에 직면해 챗GPT의 일부 기술을 공개할 것을 고려할 것이냐는 질문에 다음과 같이 답했다.[47)]

"우리도 오픈소스 전략을 찾아야 한다고 생각한다."

AI 기술 투명 공개

인공지능이 사용하는 AI에 관한 정보가 투명하게 공개되어야 한다는 주장은 AI가 어떠한 데이터로 학습되었는지, 그 데이터를 적법하게 취득한 것인지를 공개하라는 뜻이다. 사실 AI 기술을 두고 투명성을 보장하는 것은 AI에 대한 신뢰를 쌓고 AI가 확산되는 기반이 된다. 유럽연합

AI법은 AI 훈련에 어떠한 콘텐츠가 사용되었는지를 상세히 요약해 공개하라고 요구하고 있다. 미국 캘리포니아주의 생성형 AI 투명성 법의 내용도 크게 다르지 않다.

그러나 투명성 의무를 엄격하게 부과하는 것이 모든 문제를 100퍼센트 해결하는 것은 아니다. 우선 공중의 신뢰 확보와 영업 비밀 보호라는 가치를 동시에 달성하는 것이 만만치 않다. 특히 AI 개발사의 노하우 공개 문제는 간단한 일이 아니다. 자사의 기술력과 노하우가 드러날 수 있기 때문이다. AI 훈련을 위해 어떤 학습 데이터를 어떻게 취사선택했는지 경쟁사에 알려주는 꼴이 될 수 있다. 이 문제에 관해 카이스트 김병필 교수는 절충이 필요하다며 적정한 수준에서 AI에 관한 투명성 의무를 결정하는 것이 중요하다고 말한다.[48]

적정한 투명성 수준을 어떻게 정할까가 관건인데, 김병필은 가공식품 사례를 예로 들었다. 가공식품은 영양표시제도에 따라 음식에 포함된 영양 성분의 양과 비율을 정해진 기준에 따라 표시해야 한다. 소비자가 이를 이해하고 현명하게 활용할 수 있도록 마련한 것이다. 여기에서 중요한 것은 제조업자가 그 가공식품을 어떻게 만들었는지까지 공개할 필요는 없다는 점이다. 유명한 맛집의 조리법 자체는 엄밀하게 말하자면 특급 비밀로 볼 수 있으므로, 음식 레시피는 그 집이 보유한 가치있는 자산인 것이다.

머스크가 오픈AI를 향해 공격하는 내용은 유명 맛집의 레시피를 100퍼센트 공개하라는 것과 마찬가지이다. 인공지능 사용에 대한 핵심 요소는 기본적으로 나의 생활에 도움이 되는 조력자 역할이다. 내가 어떤 중요한 일에 집중할 수 있는 시간을 확보해주는 나만의 디지털 분신

이 가장 바람직하다. 어디까지나 '내가 통제할 수 있는' 수준이어야 한다는 뜻이다.[49]

유명 맛집은 소비자들에게 그 음식에 무엇이 들어 있는지는 알려주지만, 요리의 비법 즉 기업의 영업 비밀은 보호되어야 유명 맛집이 존재할 수 있다. 레시피를 모두 공개하라는 것은 바로 그 비밀을 공개하라는 말이다. 이는 유명 맛집을 파산시키겠다는 말과 다름없다.

AI도 마찬가지이다. AI 이용자에게 영향을 끼치는 사항은 알려주되, 영업 비밀의 한계는 지켜주어야 한다. 일론 머스크의 주장에 대해 전문가들이 함정이 있다고 말하는 이유이다.

인공지능의 한계

머스크의 주장은 간단하다. 인공지능의 약진이 디스토피아이든 유토피아이든 인간이 제어할 수 없는 단계로까지 진전될 수 있다는 것이다. 그런데 이 문제에 관해서도 이론이 있다.

일부 전문가들은 머스크의 주장을 정면으로 반박하며, '인공지능에 분명 한계가 있다'고 말한다. 또한 인공지능이 실시간으로 모든 데이터를 활용한다고 가정해도 인간의 능력을 넘어서지 못하는 이유도 있다고 지적한다. 인공지능의 타고난 한계가 있다는 것이다.

학자들의 지적은 냉철하다. 인공지능은 인간을 대체할 새로운 창조물이 아니라 인간이 인간의 불편을 해결하기 위해 만든 제품이라는 시각이다. 이런 면을 감안하면 인공지능이 절대 할 수 없는 것, 인공지능이 태생적으로 부족한 것, 인공지능이라서 하면 안 되는 것 등 인공지능에 타고난 약점과 한계가 있다는 것이다. 이 말은 역으로 반드시 인간이 해야 할 것도 포함된다.

이런 복잡한 문제에 대해 『대학지성』의 이명아 기자는 다음과 같이 말한다.[50)]

> "인공지능이 디지털 데이터 체계이므로 위험한 수단이 아니라고만 할 것이 아니라, 누구의 손에 들어가느냐가 중요하다. 즉 인공지능 자체가 큰 틀에서 디지털 데이터로 움직이는 프로그램이므로 누구라도 '악'한 의도를 갖기만 하면 언제든지 인간을 공격할 수 있는 수단으로 변할 수 있다."

잘 알려진 〈터미네이터〉, 〈매트릭스〉와 같은 상황이다. AI의 약점, 즉 인공지능으로 인한 문제점에 대해 살펴보아야 할 부분이다. 물론 이들이 현 단계에서 제기하는 문제점은 인공지능의 본원적인 문제가 아니라, 인간이 이들 속성을 통한 '악'으로의 변형이라는 점이다. 이처럼 인공지능으로 일어나는 여러 가지 문제점에서 고려해야 할 것이 한두 가지가 아니지만 머스크의 오픈소스 공개가 모든 문제의 해결점은 아니다.

여기에 놀라운 상황이 벌어진다. 인공지능의 문제점을 중국의 인공지능 딥시크가 극명하게 보여주었기 때문이다. 중국의 딥시크가 발표한 AI 모델은 빅테크들의 모델에 비견될 수준으로 뛰어난 추론 성능을 보여주었다. 게다가 딥시크는 이 모델을 개발하는 데 비용이 약 80억 원밖에 들지 않았다고 발표해 세계 AI계에 큰 충격을 주었다. 딥시크에 따르면 여타 빅테크에 비해 획기적인 '가성비'를 보였다는 것이다.

물론 중국의 발표에 곧바로 다른 전문가들이 벌떼처럼 몰려들었다. 우선, AI 훈련 단계에서 다른 빅테크 데이터를 무단으로 도용했을 가능성이 높다는 주장이다. 실제로 오픈AI의 챗GPT와 같은 다른 AI를 이용하면 잘 정제된 학습 데이터를 만들어낼 수 있다. 정제된 데이터를 이용하면 원천 데이터를 직접 학습시키는 것에 비해 훨씬 저렴한 비용으로 보다 좋은 결과를 얻을 수 있는 것이다. 이 말은 경쟁사가 비싼 돈을 들여 AI 모델에 가르친 지식을 그대로 베낄 수 있음을 의미한다. 오픈소스를 주장하는 머스크의 논리대로라면 딥시크가 다른 AI의 기술을 마음대로 전용할 수 있다는 뜻이 된다.

사실 AI를 사용할 때 가장 껄끄러운 점은 활용 단계에서 이용자의 개인 정보나 영업 비밀이 도용될 위험성이 있다는 것이다. 이용자가 AI를 활용하면서 자신의 사생활이나 회사에 관한 정보를 입력할 수 있다. 문제는 이런 모든 정보가 AI 학습은 물론 다른 목적에 활용될 가능성이 있고, 중국의 딥시크가 이를 명백하게 보여주었다는 지적이다. 딥시크가 큰 파장을 일으킨 것은 수집한 개인 정보가 다른 회사로 넘어간 사실이 확인됐기 때문이다. 한국을 비롯한 여러 나라에서 곧바로 딥시크를 조사하면서 해당 서비스를 제한하는 이유이다.

기술에 대한 통제는 정보와 직결된다는 것을 모르는 사람은 없을 것이다. 이런 사실을 감안해 데이터 학습을 기반으로 요약하고, 생성하고, 추론까지 하는 AI 시대에 '책임감 있는' 기술의 중요성이 강조되고 있다. 즉 머스크의 오픈소스는 오히려 독이 된다는 뜻이다.[51]

오픈AI의 올트먼은 AGI의 등장 이후 변화와 우려되는 부분에 대

해 다음과 같이 말했다.[52)]

> "AGI 시대가 와도 인간의 능동성과 의지, 결단력은 여전히 중요할 것이다. 다만 권위주의 정부가 대규모 감시와 통제를 위한 도구로 AI를 활용한다면 심각한 문제가 발생할 것이다."

올트먼의 이야기가 무슨 뜻인지 이해할 것이다. 올트먼의 이야기는 간단하다. 미래에 인공지능의 진격은 누구도 막을 수 없다는 뜻이다.[53)] 여기에서 아이러니한 것은 머스크의 소송이 한 가지 확실한 사실을 알려주었다는 점이다. 즉 현재 개발되고 있는 인공지능의 추세를 볼때 강한 인공지능, AGI의 등장이 분명 현실화될 수 있다는 것이다. 신인류가 결코 허상이 아니라는 말이다.[54)]

신인류가 만드는 세상

인간이 아닌 인공지능을 신인류라고 부른다는 말에 황당하다고 생각하는 사람이 적지 않을 것이다. 이에 대한 반응은 여러 가지이지만, 큰 틀에서 신인류가 아닌 기계에 인간이란 단어를 붙이는 것은 그만큼 기계가 인간의 상상을 초월해 인간화될 수 있다는 것을 전제로 하기 때문이다. 그렇다면 '인간화'란 무슨 뜻일까? 학자들은 신인류의 전제 조건을 비교적 쉽게 정의한다. 기계가 자아의식을 갖게 되었을 때를 의미한다는 것이다. 초인공지능이라 하더라도 자아의식이 없으면 신인류로 부를 수 없다는 뜻이다.

인공지능에 자아의식이 생겼다는 것이 왜 중요할까? 바로 자신의 행복을 추구하는 존재가 되었다는 뜻이기 때문이다. 생명체의 존재 이유는 자신의 기본적인 행복 추구라는 욕망을 전제로 한다. 중요한 것은 자신의 행복이라는 조건이 시시각각 변할 수 있다는 점이다. 끊임없이 행복을 추구하지만 오래가지 못하는 것이 걸림돌이다.

아리스토텔레스는 욕망을 '선함GOOD'이라는 용어로 설명하며 선함을 이루기 위해서는 세 가지 조건이 만족되어야 한다고 주장했다. 유용성, 다양성(재미), 교감이다. 이 세 가지 조건이 중요한 것은 인간들이 문명 발전 과정에서 부단히 추구해왔고, 그 과정의 결과로 현대 문명을 이루었기 때문이다.

사실 현대 문명의 중추인 과학기술은 이들을 인간에게 쥐어주려는 하드웨어에서 시작된다. 자동차, 비행기, 기차, 전화기 등 기능적이고 기술적인 요소가 인간들을 이끌었다. 그러려면 일단 쓸모가 있어야 하는데, 여기에 보다 매력을 느끼도록 여러 기능을 부가해 재미를 더해주었다.

인간의 욕심은 끝이 없어 이들 기술적 장치에 인간다운 요소를 기대한다. 바로 마음이다. 자신과 마음으로 교감할 수 있는 그런 기계까지 바라게 되었다. 그런 의미에서 자아의식을 갖춘 인공지능의 도래는 필연에 가깝다.

700만 년 전 인류의 조상인 '투마이'가 지구상에 태어난 이래 기술이 발전하는 과정은 잘 알려져 있다. 처음에는 수동으로 작동하던 것이 점점 반자동, 자동을 거쳐 스마트 시대를 만들고 이어서 무인 자율 시대로 발전을 거듭한다. 여기까지만 해도 똑똑하지만 기계 수준에 머물렀다. 그런데 4차 산업혁명 시대에 본격적으로 인공지능이 도입되자, 인공지능은 약한 인공지능을 거쳐 강한 인공지능으로 향하면서 소위 초인류 등장이라는 상황을 맞이하게 되었다.

사실 인간과 인공지능의 기본은 차이가 별로 없다. 인공지능이 인간을 모방한 메커니즘을 차용하기 때문이다. 그래서 인공지능과 인간 사이의 알고리즘에서는 차이가 거의 없다. 인공지능의 선구자로 불리는 존 폰 노이만 박사는 다음과 같이 말했다.

> "기계가 할 수 없는 일이 있다면 알려달라. 그러한 일은 있을
> 수 없다는 것을 바로 증명해 보이겠다."

여기에서 인간의 큰 덕목은 정보의 집합체라는 점이다. 인공지능과 인간을 같은 급으로 다루어야 한다면 많은 사람이 펄쩍 뛸 것이다. 하지만 알고리즘 차원에서 보면 인간이나 신인류, 즉 인공지능은 크게 다르지 않다. 생명이란 복제와 유전을 통한 정보의 지속 현상이다. 비록 인공지능과 인간은 탄생 배경이 다르지만, 정보를 통해 정보를 지속시키는 존재라는 점은 다르지 않다. 이 말의 진의를 이해할 것이다.

자아의 탄생

인간이 수백만 년 동안 축적한 기술이 모두 최선의 답이라고 단정할 수는 없다. 알파고가 스스로 학습하면서 인간을 압도했다고 하지만 엄밀하게 볼 때 알파고는 단순한 알고리즘으로 이루어졌음은 분명하다. 알파고는 주어진 문제를 기가 막히게 잘 풀지만 그 의미를 전혀 이해하지 못한다. 의식이 없으므로 단지 초고속 처리 시스템에 불과하다.

그런데 신인류는 차원을 달리한다. 물론 신인류는 심장과 피가 없으므로 생물학적으로 무생물이다. 그런데도 자아의식이라는 영혼과 같은 신비스런 생명체의 특성을 신인류가 가질 수 있다고 하면 의아할 것이다. 학자들은 인공지능 가운데 나름대로 세상을 이해하고 자의적으로 소통하는 일종의 돌연변이가 태어날 수 있다고 주장한다. 700만 년 전에 출발한 인간류가 진화 과정에서 돌연변이에 돌연변이를 거쳐 현 인간으로 자리매김했듯이, 이런 과정을 로봇, 즉 인공지능에 접목할 수 있다는 것이다.

여기에서 관건은 자아의식이다. 인공지능에 어떻게 인간 같은 자아의식이 생길 수 있느냐이다. 이 질문에 명확하게 답변하는 것이 간단한 일은 아니지만 한국항공대학교 AI자율주행시스템공학과 지승도 교수는 다음과 같이 설명한다.

> "인공지능이 인간의 행동 패턴, 즉 이기적 탐욕적 행위 그리고 그에 따른 문제들에 관한 모든 정보들이 충분히 학습된 상태에서 어느 날 카오스 현상에 따른 새로운 질서 체계인 자아의식이 솟아오른다."

다소 모호하고 애매한 설명이지만 사실 인간류에게 자아의식이 생긴 것도 이와 같다. 언젠가 과거의 행위만 답습하던 어떤 인간류 중의 한 인간류에게 어떤 연유로든 자아의식이 갑자기 생겼다는 것이다. SF 영화에서는 이런 계기를 오류라고 보는데, 일단 오류가 등장한 이후에는 이를 막을 방법이 없다는 뜻이다. 영화 〈바이센테니얼맨〉에서 로봇 앤드류의 두뇌에 오류, 즉 소스가 떨어져 자아의식이 생겼다는 설명과 다름없다.

자아의식이 있다는 것은 완전히 새로운 각도에서 새로운 세상으로 보게 되었다는 의미이다. 즉 자아의식이란 자신이 보는 세상으로 세상을 인식한다는 뜻이다. 이는 어떤 외부적 명령이나 내부적 의지도 자아의식의 최종 승인 아래에서만 실행할 수 있다는 것을 말한다. 이는 신인류가 인간처럼 자존심을 갖는 지능적인 기계로 거듭날 수 있음을 단적으로 말해준다.

지능이란 계산, 분석, 확인, 종합 등의 단순 능력보다는 문화적 환경 안에서 가치 있는 문제를 해결하거나 무엇인가를 생산해내는 능력이다. 여기에서 스스로 가치 여부를 판단하고 의도적으로 무엇을 해내려면 자아의식이 없으면 불가능하다. 따라서 지능이란 자의 개념을 빼놓고는 설명할 수 없는 개념이다.

만약 지능이 오직 암기력과 암산 능력에만 좌우된다면 인공지능의 지능은 당연히 인간을 뛰어넘는다. 그런데 인공지능보다 인간은 암기력과 암산 능력이 뒤지지만, 축적된 노하우와 알고리즘으로 보면 인간이 인공지능보다 앞선다. 자아의식, 개념화, 사유에 기인한 창조적 능력 때문이다.

인공지능은 기본적으로 인간을 흉내 내어 만들어진 것이다. 인간의 행위는 뇌세포들로 구성된 신경망에 의해 작동되지만 논리적인 관점에서의 정신적 행위 과정은 인지, 인식, 상황 판단, 욕망, 의도, 계획, 실행 등의 순서로 정리된다. 이를 '인간 행위 모델'이라 부른다.

인간은 먼저 실세계 대상과의 상호작용을 통해 삶을 유지해 나가는데, 그 첫 단계가 인지이다. 인지란 대상을 식별하고 상태 변화를 감지하는 단계이다. 인지를 먼저 한 다음에 인식 단계로 넘어간다. 인지가 대상의 겉모습을 아는 것이라면, 인식은 좀 더 깊이 전반적으로 이해한다는 뜻이다. 다음 단계는 원했던 상태와 현 상태와의 비교를 통한 상황 판단이다. 좋고 싫고의 감정, 즉 느낌이 생성되는 단계이다.

이어서 욕망이 발생한다. 욕망은 현 상황에 비춰 최적의 목표가 필요하다는 것이다. 여기에는 자아의식이 결정적으로 작용한다. 이 단계에서 자신의 행복을 최우선으로 유지, 보호하고 확장하려는 것을 중심으로 새로운 목표가 설정된다. 목표 달성을 위해서 의도를 보여야 한다. 이를 위해서는 구체적인 계획이 필요하다. 마지막으로 실행으로 옮긴다. 이러한 인간 행위 모델을 인공지능에도 동일하게 적용할 수 있다는 것이다.

인공지능을 설명하면서 가장 먼저 나오는 것은 인지와 인식이다. 사전적 의미는 거의 유사한데, 모두 대상에 관한 사실을 안다는 뜻이다. 여기에서 인지는 'Know', 즉 머리로 헤아리는 것이다. 인식은 'Understand', 즉 깊이 이해한다는 뜻이다.

인간의 특성은 의도적인 행위뿐만 아니라 즉각적 반응도 보일 수 있다는 점이다. 이를 인간의 뇌의 반응으로 설명하면 매우 흥미로운 사실을 알 수 있다. 인공지능은 매우 신속하게 일을 처리할 수 있는 장점이 있는데, 이는 인간의 차원이 아님은 분명하다. 그런데 인간에게는 빠르다는 점보다 숙고한다는 점이 포함된다. 인간의 두뇌 작동 방식으로 잘 알려진 것은 야외에서 뱀을 발견했을 때의 행동이다.

"숲을 걷다가 뱀을 발견하면 즉각적 반응이 시작된다. 시상을 통해 시각이 인식된 후 편도체에서 위험 상황을 판단한다. 즉각적인 반응을 위해 시상하부가 작동되어 심장 박동 수를 늘리고 호흡을 가쁘게 하며 근육을 수축시킨다. 다음 의도형 과정으로 넘어가 비로소 감각 정보들이 언어화된다. 대상을 개념적으로 파악한다는 뜻으로, 대뇌피질을 통해 대상 정보를 자세히 분석한다. 색깔, 형태, 움직임 등을 살펴보고, 해마에 기록된 과거 기억들을 반추해 어떤 뱀인지를 확인하고 위험 여부를 판단한다. 다음으로 전두엽을 통해 발의 움직임을 위한 운동 방법을 계획한 후 그 정보를 척수를

통해 발로 보낸다. 이들 정보를 통해 마침내 도망가는 행위가 실행
된다."

이러한 인간의 두뇌 처리 절차를 전문적인 용어로 'SM-LCD-A'
라고 한다. 감각Sence, 기억Memory, 언어Lanuage, 인식Cognition, 의사결정
Decision, 행위Action'이다. 중요한 요소는 언어이다. 인간만 언어라는 개
념화 도구를 통해 비로소 대상을 알아차릴 수 있다. 즉 추상화 과정을
통해서 인식하고 판단할 수 있다는 뜻이다. 물론 행위로 구체화하기 위
해서는 추상화와 반대인 상세화 과정이 필요하다.

학자들은 상향식과 하향식 인공지능이 추상화 과정을 통해 통합
되면 강한 인공지능이 등장할 수 있다고 말한다. 즉 이 과정에서 갑자기
자아의식이 생겨날 수 있다는 것이다. 이 말이 다소 석연치 않다고 생각
하는 사람들이 있겠지만, '카오스'를 접목하면 이해할 수 있다.

전문가들이 인공지능에 자아가 생길 때의 문제점으로 지적하는
것은 단순하다. 인공지능에 자아의식이 생기면 무조건 인간의 명령에 따
르지 않는다는 것이다. 과연 그럴 수 있느냐고 묻는다면, 답은 '예스Yes'
이다. 이 대답을 인간에게 적용하면 곧바로 이해가 된다. 인공지능에 자
아의식이 생기면 생명에 대한 보호 본능과 삶에 대한 집착이 생길 수 있
다. 인공지능이 무엇보다도 자신이 중요하다고 생각한다는 것이다.

사실 철학적인 면을 따지면 자아란 인간이라면 반드시 갖는 존재
론적 속성이다. 이 말은 스스로 자아를 지각하느냐, 그렇지 않느냐라는
차원 이전에 모든 인간은 자아를 갖고 살아갈 수밖에 없다는 뜻이다. 스
스로의 존재에 대한 자각에서 비롯되는 인격을 지닌 동물은 오직 인간

인공지능에 자아의식이 생기면
생명에 대한 보호 본능과 삶에 대한
집착이 생길 수 있다.
인공지능이 무엇보다도 자신이
중요하다고 생각할 수 있다.

뿐이다. 자아를 자각한다는 것은 장기 기억 장치에서 '나'에 대한 정보를
불러내어 생각의 중심에 위치시키는 것이다. 자아의식은 생명체의 최상
의 '앎'이라 볼 수 있다.

물론 자아의식이 고정된 것은 아니다. 성장, 학습, 망각, 스트레스,
노화, 질병 등에 따라 그때그때마다 변한다. 또한 기억, 성별은 물론 민
족적 정체성 등 여러 가지 요소에 따라 복합적으로 표출된다. 그러므로
자아를 실체가 아닌 뇌 작용의 결과적 현상이라고 설명하기도 한다. 자
아의식은 매우 복잡한 내용을 포함하고 있어 일괄적으로 설명하는 것이
쉽지 않다. 더구나 자아의식이 순식간에 생겨났다고 해서 무조건 우연적
이라고만 볼 수도 없다.

하나의 질서가 해체되면 자연스럽게 새로운 질서 체제가 나타난

다. 이를 '원인-결과의 법칙'이라고 한다. 이 과정이 안정이 되면 질서라 하고, 불안정하고 복잡하면 무질서라고 말한다. 그런데 무질서에서도 질서가 태어날 수 있다. 자아의식도 이러한 무질서의 카테고리, 즉 카오스에서 생긴다.

카오스란 작은 변화가 예측할 수 없을 정도의 엄청난 결과를 갖고 오는 것을 말한다. 이를 복잡계 현상이라고도 한다. 무질서로 보이지만 질서가 있고, 질서정연해 보이면서도 무질서한 상태가 있다는 것이다. 뇌과학자들은 뇌의 현상계를 복잡계로 파악한다. 뇌신경 회로망 자체가 자기조직화 임계성을 갖고 있는 복잡계라는 뜻이다.

자아의식이나 무아의식 등의 창발 현상도 복잡계 현상의 하나로 설명한다. 이를 인공지능에 대입하면, 인공지능 또한 카오스에 의해 갑자기 자아의식을 느낄 단계가 올 수도 있다는 것이다. 특이점이 결코 허상이 아니라는 말이다.

2

신인류와 인간의 공존

이광형 카이스트 총장은 2024년 2월 15일자 『이데일리』 인터뷰에서 4차 산업혁명의 미래를 다음과 같이 전망했다.[55] (신인류와 인간의 공존에 대한 글은 이광형의 인터뷰를 중심으로 살펴본다.)

"현대과학의 진전, 즉 줄기세포, 유전자 편집, 인공지능 등 우수한 신체와 정신 능력을 지닌 '휴먼 2.0'이 등장할 것이다. 이 같은 발전은 개인은 물론 국가 간의 격차를 확대할 수 있지만 우울해할 필요는 없다. 신인류와 공존할 수 있는 방법을 찾을 수 있다."

일부 학자들이 인공지능에 대해 우려하는 것과는 달리 이광형은 앞으로 열릴 미래에 대해 낙관했다. 이광형은 시간과 물질의 근원, 미래가 연결돼 있고 같은 방식으로 작동한다고 설명했다.

"역사는 인간의 자유 의지에 의해 만들어진다고 하지만 나는 인간의 의지보다 더 큰 영향을 미치는 것은 환경 변화에 대한 적응 측면으로 보인다. 도구나 기술 같은 것들이 중요하다."

신인류를 도구나 기술로 간주하면 설명하기가 쉽다는 뜻도 된다. 여기에서 또 다시 신인류와 인간의 차이점에 대한 논제가 등장한다. AI 즉 신인류들이 인간처럼 자아의식을 가질 수 있을까 하는 질문이다. 앞에서 일부 얘기했지만 부연해서 다시 설명한다.

학자들이 이 질문을 긍정적으로 생각하는 것은 현재의 발전 상황을 보아 인간과 유사한 강한 인공지능이 2030년 이전에 등장할 것으로 예측하기 때문이다. 미래학자 레이 커즈와일과 일론 머스크 테슬라 회장 등의 주장이다. 이광형은 다음과 같은 예를 들었다.

"요즘 생산되는 스마트 로봇 청소기는 배터리가 방전되면 스스로 충전할 곳을 찾아다니기도 한다. 그래서 AI에 개체 보존 능력이 없다고 말하긴 어렵다."

이광형은 '아직은 판단이 안 된다'고 말한다. 즉 완벽한 자아의식의 탄생은 상당한 기간이 필요하다는 설명이다.

"AI가 인간처럼 나쁜 생각도 하고 좋은 생각도 하며, 이기심과 이타심을 가지려면 시간이 걸린다. (……) AI가 나온 지 60년 밖에 안 된다. 감성, 독창성, 창의성을 완전하게 갖춘 AI는 앞으로 20년 이후에야 가능할 것이다."

20년이란 기간이 과연 먼 훗날인지는 모르겠지만, 아직 인공지능이 인간류에 접근하기 위해서는 약간의 시간이 남아 있다는 뜻임은 분명하다. 이광영은 이 시간을 적극적으로 활용해야 한다고 말한다. 인공지능, 즉 신인류가 갖고 올 문제점들이 사전에 등장하지 않도록 방안을 찾자는 것이다.

"국가 관점에서는 AI를 잘 활용하는 국가와 그렇지 못한 국가 간의 격차가 커진다. AI를 활용하지 못하는 국가는 일자리가 크게 감소할 것이다. 또한 AI를 효과적으로 개발하거나 서비스에 적용하는 능력이 뛰어난 사람들은 상위 계층으로 올라가고, 그렇지 못한 사람들은 하위 계층으로 내려가 격차가 확대될 것이다."

학자들이 가장 우려하는 것은 AI의 자체 복제이다. 이 문제가 상상할 수 없는 여파를 미칠 수 있음은 당연하다. AI가 컴퓨터 바이러스처럼 자체 복제와 전파 기능을 가진다면 여파가 만만치 않다는 것이다. 그러므로 AI가 울타리를 넘어가지 않도록 관리 가능한 통제 기술을 마련해야 한다는 주장이다.

그러나 이광영은 AI 규제에 조심스럽다.

"AI를 인간의 통제 아래 둬야 한다는 주장은 고귀한 담론이지만, 미국과 중국이 AI 규제 논의에서 천천히 후퇴하는 모습을 주목해야 한다. 규제부터 한다면 마치 아무것도 없는 사람이 절제하자고 하는 것과 같다."

그러면서도 그는 AI에 대한 기술적 통제가 필요하다는 데는 공감한다.

"음주 단속을 하려면 음주 측정기가 필요하듯이 자기 복제를 못하게 하려면 AI 안전 측정기가 필요하다."

신인류가 만드는 미래

인공지능, 즉 신인류에 대한 논쟁이 첨예화되는 것은 인공지능으로 무장한 신인류와 인간이 과연 공존할 수 있을까 하는 우려 때문이다. 신인류에 자아의식이 생기면 필연적으로 인간에 반하는 일을 할 수 있다. 이 문제에 관해 이광영 총장은 다소 놀라운 견해를 제시한다.[56]

"신인류 AI가 나오면 처음에는 인간이 억압하겠지만 계속 누르면 부작용이 생길 것이다. 신인류들이 파업을 하면 인간은 이들을 포맷해버릴 수 있겠지만, 다음에 또 써야 하니 적절히 그들과 타협하게 될 것이다."

2024년 6월 19일부터 20일까지 서울 코엑스에서는 생성AI의 등장으로 인한 산업 전반의 패러다임 전환을 조명하는 기술 컨퍼런스 '더

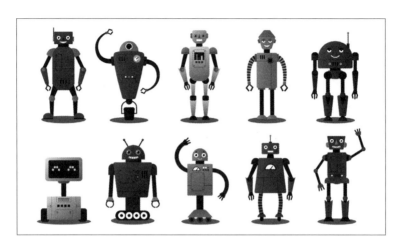

인공지능으로 무장한 신인류와 인간은 과연 공존할 수 있을까.

웨이브 서울 2024'가 열렸다. 기조강연에서 이경일 솔트룩스 대표는 "향후 인공지능과 함께 살아갈 인류는 공감력을 갖고 살아가게 될 것"이라고 전망했다. 가령 질병을 진단하는 것은 AI의 역할이지만, 환자들과 가족들에게 이를 설명하고, 궁금한 것들을 해소하는 역할을 의사가 해야 할 것이라는 설명이다.[57]

생성AI 시대 리더십을 주제로 강연한 이진형 스탠퍼드대학교 교수는 리더십에서 '의사결정' 능력을 가장 중요한 요인으로 꼽았다. 교육도 선택 방법을 가르치는 과정이고, 인공지능)의 핵심도 '선택'에 있다는 것이다. 이진형은 "자신만의 가치관을 잘 정립해 놓는 것이 빠르고 일관성 있는 선택을 할 수 있는 힘이 될 것"이라고 말했다.

현재 많은 국가에서는 미국이 개발한 '대규모 언어 모델LLM 같은 AI를 사용하지 않고, 독자적인 AI 생태계를 구축하려고 한다. 이에 대해 하정우 네이버 AI연구센터 소장은 "문화 종속을 우려하기 때문"이라고 분석했다. 미국산 AI의 세계관에 익숙해지는 것에 대한 우려가 자체 AI 기반을 구축하려는 이유이며, 이는 곧 AI 주권 확보로 이어진다는 것이다.

한편 손재권 더밀크 대표는 "AI의 등장으로 불안정성Volatility, 불확실성Uncertainty, 복잡성Complexity, 모호성Ambiguity을 지닌 '부카VUCA'를 살아가고 있다"고 말했다. 그는 "부카 시대에 살아남기 위해서는 사람과 기술의 흐름, 그리고 자본 및 비즈니스의 흐름을 파악해야만 AI 웨이브를 탈 수 있다"라고 설명했다.[58]

수많은 우려에도 대부분의 학자들은 영화 〈터미네이터〉, 〈매트릭스〉 같은 상황은 발생하지 않는다고 본다. 로봇이 인간에게 대항하는 치명적인 상황, 즉 '로봇의 반란'은 절대로 일어날 수 없다고 말한다. 로봇에게는 치명적인 약점이 있기 때문이다.

무슨 약점일까? 로봇도 인간과 마찬가지로 움직이는 데 필요한 동력을 공급받아야 한다. 로봇은 생명체처럼 음식을 먹고 이를 분해해 자신이 유용하게 쓸 에너지로 변환시킬 수 없다. 로봇이 유기물을 분해해 에너지를 얻는 장치를 개발 중이라는 발표도 있지만, 엄밀한 의미에서 인간이 음식을 섭취해 에너지를 얻는 것과는 의미가 다르다.

다시 설명하면 기계로 만들어진 로봇은 배터리가 없으면 동작할 수 없다. 그래서 만약 로봇이 반란을 일으킨다면 〈매트릭스〉처럼 전원 공급을 차단해버리면 된다. 〈로보캅〉에서도 로봇이 오작동을 일으키자 전원을 차단하라고 말한다.

물론 이 설명에 반대하는 사람들도 있다. SF 영화에는 인간이 에너지, 즉 전원을 차단할 수 없도록 로봇이 사전에 봉쇄하는 장면이 나온다. 청소기가 배터리를 다 소모하면 이를 찾아 나서는 식이다. 로봇이 인간에게 반란을 일으킬 정도의 지능, 즉 자아의식을 갖고 있다면 자신에게 치명상이 될 문제점을 사전에 제거하고 대안을 만들 수 있다는 주장이다.

현재도 각국에서 전쟁을 명분으로 인간을 살상하는 무기를 개발하는 것도 사실이다. 미국을 비롯해 선진국에서 무인 정찰기를 사용하는 것은 잘 알려진 사실이다. 이런 비행기는 대부분 원격 조종을 통해 비행한다. 그런데 이들이 무선 네트워크로 연결되어 있으므로 외부에서 악의적으로 프로그램을 조작한다면 사전에 프로그램되어 발사된 핵폭탄이 오작동을 일으켜 예상된 목표물로 향하지 않게 만들 수 있다. SF물에서 가장 요긴하게 사용하는 주제이다.[59]

바로 이러한 잠재력이 미래의 인간에게 두려움을 준다. 하지만 학자들은 미래의 로봇, 인공지능이 인간에게 결정적인 해가 된다고 생각하는 것이 기우라고 말한다. 학자들이 다소 낙관적으로 생각하는 것은 인간의 도덕성과 실용화에 대한 열망이 인간에게 해가 되는 방향으로 진전되지 않고 지능적인 로봇을 만드는 데 인간의 참여가 절대적으로 필요하기 때문이다.

이런 로봇의 절대적인 약점을 생각하면, 과학이 인간의 두뇌를 복제할 정도로 발달하더라도 똑똑한 로봇이 인간에게 반란을 일으키거나 거짓말을 할 수 없도록 만드는 것은 생각보다 쉬울 듯하다. 이 말은 로봇에게 프로그램으로 입력되지 않은 자의식이란 존재할 수 없다는 설명이 된다. 인공지능이 자아의식을 갖게 될지도 모른다는 전제에 반하기도 하지만, 이는 인간에게 큰 위안이 됨은 물론이다. 큰 틀에서 로봇의 행동은 모두 예측 가능하므로 이에 대한 대안은 인간에게 있다는 뜻이다.

로봇이 인공지능을 가졌든 아니든 상당 부분에서 인간보다 월등히 우월한 능력을 보여줄 것은 분명하다. 그러나 인간사에서 기술이 항상 '선'의 도구로만 사용되지는 않았다. 과연 미친 과학자나 독재자가 탄생해 언젠가 〈터미네이터〉, 〈매트릭스〉 같은 로봇이 몰려올지 아닐지를 예단하는 것은 쉽지 않다.

『2001 스페이스 오디세이』를 쓴 작가이자 미래학자인 아서 C. 클라크는 날카로운 조언을 내놓았다.

> "컴퓨터에게 새로운 능력을 자꾸 부여하다 보면 언젠가 인간은 컴퓨터의 애완동물로 전락할 수도 있다. 그저 우리가 원할 때 컴퓨터의 플러그를 뽑는 능력만은 항상 보유하기를 바랄 뿐이다."[60]

카이스트 김문상 교수는 인공지능이 인간에게 서비스를 제공해주는 존재여야지 인간을 대체하는 존재가 되어서는 안 되며, 인공지능은 인간의 충직한 부하로서 임무를 가져야 한다고 주장했다. 인간과 로봇의 관계를 설정하는 최후의 관건은 인간이 만드는 알고리즘에 기초하므로 로봇의 프로그램에 문제가 생길 때 이를 수정 보완할 수 있도록 만들면 된다는 것이다.

아무리 축적된 정보를 많이 가지고 있는 로봇이라고 하더라도 인간에 대해 반기를 들 수 없는 알고리즘을 인간이 만들 수 있는 한 로봇은 기계의 프로그램에 지나지 않는다는 설명도 있지만 정말로 그렇게 될 수 있을지는 의문이다.[61] 인간의 문명을 지탱하는 기술 개발이 기본적으로 인간의 삶을 증진시키는 방향으로 나가고 있지만 이에 반하는 사례도 수없이 등장하기 때문이다.[62]

인류 역사를 보면 '선'이 항상 승리하는 것은 아니다. 그만큼 인간 생활이 단순하게 움직이지 않는다는 뜻이다. 하지만 인공지능 로봇에 문제가 있다면, 이를 극복하는 임무도 인간에게 있다는 주장에 공감할 것이다. 이 문제를 진지하게 다루는 분야가 바로 윤리에 관한 내용으로 이는 윤리 부분에서 설명하겠다.

인공지능 개발 윤리

오픈AI의 인공지능 기술이 강한 인공지능이냐 아니냐를 떠나, 강한 인공지능이 미래의 지구촌에 반드시 등장할 것이라는 점은 수많은 전문가가 사실상 선언한 것이나 마찬가지이다. 머스크 등 학자들이 강한 인공지능의 부작용을 막기 위해 인공지능 개발의 고급 기술들을 오픈시켜야한다고 말했지만 전문가들의 의견은 엇갈린다.

머스크의 주장에 공조하는 전문가들도 있지만, 오히려 기술을 공개하는 것이 파국을 초래할 수 있다는 지적도 만만치 않다. 인공지능에 대한 기술을 오픈시키지 않아도 언젠가는 이에 버금가는 기술이 개발될 수 있으며, 악용될 우려는 오픈할 때 더욱 크게 다가올 수 있다고 지적한다.

여하튼 인공지능으로 인해 수많은 문제점이 제기되고 있는 것은 사실이다. 특히 인공지능의 특이점이 올 수 있다는 점을 감안하면 어떤 경우든 대안이 필요하다. 이는 인공지능에 관한 개발 윤리 문제이다.

인간 문명사에서 보면 최첨단 시스템이 어떠한 의사결정을 내려야 할 때는 일반적으로 인간이 의사결정 과정에 관여하거나 최종적인 의사결정자로 역할을 수행했다. 인공지능 기술이 도입되기 전의 정보 시스템은 모든 정보처리의 의사결정 과정이 인간들이 설계한 대로 이루어졌다. 이때의 정보 시스템은 단순히 그 과정을 재현하는 것으로 충분했다.

그러나 인공지능 기술이 도입된 이후의 정보 시스템은 정보처리의 의사결정 과정을 스스로 구성하고, 자율적인 의사결정이 가능할 수 있다. 이런 전망은 과거의 패턴이 전혀 의미 없다는 말과 다름없다. 즉 최첨단화의 수준이 고도화되면서 암묵적으로 또는 경우에 따라 인간이 의도적으로 배제되는 상황에까지 이르면, 기계에 의한 판단이 과연 인간 사회의 가치와 일치하는지 확인할 필요가 있다. 기계의 판단이 우리 사회의 윤리적 판단이나 가치 시스템과 일치할 수 있느냐이다.

SF 영화의 소재로 자주 등장하는 장면인데, 범죄자가 숨어 있는 곳에 다른 시민들이 인근에 있음에도 드론으로 공격하거나 사격할 수 있다. 자율주행 자동차가 보행자를 피하기 위해 다른 차량과 충돌하거나 승객을 위험에 빠지게 할 수도 있다. 이런 경우들은 곧바로 연상할 수 있는 사례에 불과하다.

이런 문제가 더욱 큰 주목을 받는 것은 인공지능이 자율적인 의사결정을 하는 시스템일 때이다. 자율주행 자동차, 인공지능 스피커, 군사용 로봇처럼 실체적인 기계뿐만 아니라 자동화된 정보처리 시스템까지 포함될 수 있으므로 파급 효과가 기하급수적으로 늘어날 수 있기 때문이다.

기존의 윤리와 도덕에서 전통적인 책임은 인간을 대상으로 한다. 개인이나 집단이 타인이나 타 집단에 대해 윤리적이고 도덕적인 규범과 기준에 따라서 도덕적 의무를 지닌다는 윤리적 개념이다.

학자들은 인공지능 로봇도 '책임'과 '책무'에 대한 정의가 필요하다고 주장한다. 기업의 경우 '기업의 사회적 책임'과 '기업의 사회적 책무'가 항상 같은 수준으로 움직이는 것은 아니다. 책임에는 자의식이 수반되며, 궁극적으로는 행위를 수행한 주체인 행위자에 초점과 중심을 맞춘다. 반면에 책무는 인간 이외의 경우에 작용한다. 물론 일반적으로 책임과 책무가 함께 사용될 수 있다.

인공지능과 연관된 윤리 문제는 수없이 많이 있다. 학자들은 인공지능의 윤리학을 다음과 같이 설명한다.[63] 우선 인공지능을 어떤 윤리적 가치에 의해 지배되는 존재로 만드느냐이다. 여기에는 윤리적 가치 지향을 실제로 어떻게 구현할지에 대한 문제를 포함한다.

인공지능의 설계는 자율성과 윤리적 민감성(감수성)으로 분류될 수 있다. 과거에는 인간과 비슷한 수준의 지성적 자율성을 발휘하는 물체, 즉 로봇을 개발하는 데 역량을 경주했다. 그러나 이제는 일부 분야에서 인공지능의 역량이 인간의 능력을 초월할 정도가 되었다. 그렇기에 인공지능이 인간과 공존하기 위해서는 인공지능이 지녀야 하는 윤리적 감수성도 필요하다.

학자들은 인공지능이 갖게 될 도덕적 지위에 대해 주목한다. 도덕적 지위 문제는 행위자와 피동자의 두 가지 차원에서 논의될 수 있다. 여기에서 강조되는 것은 인공지능 로봇이 전통적으로 인간에게만 귀속되었던 윤리적 행위자의 지위를 가질 수 있는가이다. 그런데 행위자가 되기 위한 전통적 요건은 이성, 의식, 지향성, 자유의지 등이다.

인공지능 로봇이 충분히 자율적이고 지능적인 존재가 되어 인간

인공지능이 인간과 공존하기 위해서는 인공지능이 지녀야 하는 윤리적 감수성도 필요하다.

과 사회를 이루고 살아야 한다면, 반려동물 이상으로 중요해질 것은 분명하다. 그러나 인공지능 로봇은 가축이나 반려동물과 다르다. 로봇은 인간이 인공적으로 만들었지만, 인간의 지능적 능력을 독자적으로 가질 경우 초유의 사태가 발생할지도 모른다. 인공지능 로봇에 대한 윤리적인 문제가 대두될 수 있는 것이다.

　윤리는 국어사전에서 사람이 마땅히 행하거나 지켜야 할 도리로 풀이된다. 도덕은 사회 구성원들이 양심, 사회적 여론, 관습 따위에 비추어 스스로 마땅히 지켜야 할 행동 준칙이나 규범의 총체이다. 강제력을 갖는 법률과 달리 각자의 내면적 원리로 작동하며, 종교와 달리 초월자와의 관계가 아닌 인간 상호관계를 규정한다.

　그런데 윤리와 도덕이란 용어가 일상적으로는 상호 호환적으로 사용된다. 문제는 윤리적인 것이 항상 도덕적인 것이 아닐 수 있고, 그 반대도 마찬가지다. 유원대학교 인공지능소프트웨어학과 박충식 교수는 이 문제에 관해 매우 이해가 쉬운 예를 들었다.

미국 마피아 조직원들 사이에 만들어진 침묵의 수칙, 즉 오메르타 Omerta는 경찰로부터 범죄자를 보호하는 데 이용된다. 오메르타는 윤리적으로는 마피아 조직의 행동 규칙을 바르게 따른다는 것이지만, 도덕적인 관점에서는 그릇된 것일 수 있다. 마피아 조직에서 하는 도덕적 행위도 비윤리적일 수 있다는 설명이다.

변호사가 의뢰인을 상담하는 과정에서 유죄라는 사실을 알았다고 가정하자. 변호사가 법정에서 자신의 의뢰인이 유죄라는 사실을 법정에서 밝히면, 이는 정의를 실현하려는 도덕적 욕구에서 나온 용감한 행동일 수 있다. 그러나 그의 행동은 변호인과 의뢰인 사이의 비밀 유지 특권을 위반한 것이다. 여기에서 누가 더 도덕적이냐는 질문이 있겠지만, 결과적으로 변호사는 심각한 비윤리적 행동을 저질렀다는 비난을 받기 마련이다.

문제는 윤리적 측면의 구체적인 내용이 무엇이냐이다. 이에 대해 학자들은 보다 많은 논의가 필요하다고 말한다. 윤리적인 문제를 회피할 것이 아니라 가능하면 윤리적인 문제를 적극적으로 다뤄 나가되 차근차근 현명한 해결책을 찾아 나가야 한다는 것이다. 이처럼 첨예한 문제를 슬기롭게 풀어가는 데는 충분한 시간이 필요하다.[64]

로봇의 반란

인공지능과 관련한 가장 큰 논란은 궁극적으로 지구인들에게 유토피아 미래를 만들어주느냐, 아니면 디스토피아 세상을 만드느냐이다. 인공지능 로봇이 반란을 일으키는 장면은 수많은 SF 영화에서 자주 나오는 소재 중 하나이다. 학자들은 인공지능으로 유토피아 세상이 될 수도, 디스토피아 세상이 될 수도 있다는 다소 뻔한 전망을 한다.

인간의 속성상 인간성을 듬뿍 가진 로봇 개발에 힘을 들이지만, 반대로 인간에게 피해를 주는 로봇 개발도 가능하다. 이 말은 인류가 초강력 인공지능의 지배를 받으며 노예처럼 살아가는 디스토피아 영화 속 최악의 시나리오가 생기지 않는다는 보장이 없다는 것이다.

앞에서 말했지만 인공지능 기술이 도입되기 전의 정보 시스템은 모든 정보처리 의사결정 과정이 인간의 설계로 이루어졌다. 정보 시스템은 단순히 그 과정을 재현하는 것으로 충분했다. 그러나 인공지능에 의해 어떤 사고가 발생하면 이를 적절하게 설명하기 어려울 수도 있으며, 설계나 제작 시점에서 전혀 예측하지 못한 결과들이 나타날 수도 있다.

사실 개별 행위자의 행동이나 결정과 사후적인 결과로 나타난 사건과 사고를 명백한 인과 관계로 연결 고리를 밝히는 것은 만만치 않다. 또한 개별 행위자가 자신의 선택이나 행동이 향후에 초래할 미래의 가능한 결과들을 예견한다는 것은 더더욱 어려운 일이다. 이러한 상황에서 책임 문제를 인간에게만 한정하면 오히려 책임 공백이 발생할 수도 있다. 이는 바람직하지 못한 부정적인 결과가 발생했음에도 책임지는 주체가 없는 경우를 의미한다.[65]

학자들은 인공지능이 갖게 될 도덕적 지위에 대해서도 주목한다. 도덕적 지위 문제는 행위자와 피동자 두 가지 차원에서 논의될 수 있다. 중요한 것은 인공지능 로봇이 전통적으로 인간에게만 귀속되었던 윤리적 행위자 지위를 가질 수 있는가이다. 행위자가 되기 위한 전통적 요건은 이성, 의식, 지향성, 자유의지 등을 가져야 하기 때문이다.

엄밀히 말하면 인공지능은 로봇의 지능적 소프트웨어 부분을 말하며, 로봇은 하드웨어와 소프트웨어 모두를 포함한 자율적인 기계를 말한다. 여기에서 인공지능을 로봇의 머리라고 생각할 수 있으므로 논제의 대상은 지능적인 능력을 갖춘 두뇌 로봇을 의미한다.

인공지능의 윤리적인 문제는 인공지능 로봇 간의 윤리가 아니라 인공지능 로봇과 인간들 간의 윤리이다. 그래서 인간들에게 지켜야 하는 윤리와는 다른 측면을 가진다. 이런 문제는 과거부터 계속 제기된 사항이기도 한데, 현재 지구의 생태 환경에 대해 인간의 책임을 논하기도 한다. 최근에는 반려동물과 인간들 간에도 윤리가 필요하다는 생각이 상식이 되었다. 이는 반려동물을 학대하거나 잔인한 행동을 한 사람들을 윤리적으로 비난하거나 법적으로 처벌하는 이유이다.

문제는 윤리적인 것이 항상 도덕적인 것이 아닐 수 있고 그 반대도 마찬가지다. 인공지능과 인간의 상호작용이 윤리적 측면을 갖는다고 할 때, 곧바로 제기되는 질문은 반드시 인공지능이 사람과 동등한 윤리적 고려 대상이어야 하는가이다. 앞으로 보다 많은 논의가 필요한 부분이다.[66]

챗GPT가 보는 윤리

인공지능이 약진하고 있으므로 인공지능 개발에 따른 윤리 문제를 슬기롭게 대처해야 한다고 지적하지만, 말처럼 간단하지는 아니다. 나는 논란의 당사자인 챗GPT는 이 문제를 어떻게 생각하는지 궁금했다. 그래서 2024년 8월 21일 두 차례에 걸쳐 챗GPT에게 물었다. 인공지능의 윤리 문제에 가장 신경을 쓰는 곳이 바로 오픈AI로 생각하기 때문이다.

1차 답변

1차 질문은 "챗GPT가 갖고 있는 윤리에 관한 문제점은 무엇인가?"였다.

챗GPT는 곧바로 다음과 같이 답변했다. 이를 그대로 옮긴다.

"챗GPT와 같은 AI 시스템이 갖고 있는 윤리적 문제점은 여러 가지가 있습니다. 주요 문제점은 다음과 같습니다.

① 편향성

AI 모델은 훈련 데이터에 기반하여 작동하기 때문에, 데이터에 내재된 편향성이 AI의 출력에 영향을 미칠 수 있습니다. 이는 특정 집단에 대한 차별적 발언이나 편견을 강화할 수 있습니다.

② 프라이버시

AI 모델은 대규모 데이터에 접근하여 학습합니다. 이 과정에서 개인 정보가 유출되거나 오용될 가능성이 있습니다.

③ 책임 소재

AI가 잘못된 정보를 제공하거나 유해한 조언을 했을 때, 그 책임이 누구에게 있는지 명확하지 않습니다. 이는 법적, 윤리적 책임 소재 문제를 야기할 수 있습니다.

④ 오용 가능성

AI 기술은 악의적인 목적으로도 사용될 수 있습니다. 예를 들어, 가짜 뉴스 생성이나 사기 행위 등에 악용될 수 있습니다.

⑤ 투명성 부족

AI의 결정 과정이 복잡하고 불투명할 수 있어, 사용자가 결과를 이해하거나 신뢰하기 어려울 수 있습니다. 이는 '블랙박스' 문제로도 불립니다.

이러한 윤리적 문제들을 해결하기 위해서는 AI 개발자, 정책 입안자, 그리고 사용자 모두의 협력이 필요합니다. 또한 AI 시스템의 설계 및 운영 과정에서 윤리적 고려 사항을 충분히 반영하는 것이 중요합니다."

2차 답변

챗GPT는 사용자의 반응과 질문에 의해 계속 업그레이드된다. 이런 명제에 따라 첫 번째 질문에 대한 답변을 받은 후 이어서 똑같은 질문을 던졌다. 두 번째 답변은 첫 번째와는 달리 매우 긴 장문으로 다음과 같이 정리했다.

"챗GPT와 같은 인공지능 모델은 다양한 윤리적 문제를 내포하고 있습니다. 이들 문제는 기술의 발전과 함께 심화되고 있으며, 이를 해결하기 위해서는 다각적인 접근이 필요합니다. 다음은 주요 윤리적 문제점들을 보다 자세히 설명한 내용입니다.

① 편향성(Bias)
AI 모델은 훈련 데이터에 따라 작동하며, 데이터셋에 포함된 편향된 정보가 AI의 출력에 영향을 미칠 수 있습니다. 예를 들어 특정 인종, 성별, 문화에 대한 편견이 포함된 데이터로 훈련된 AI는 차별적이거나 편향된 결과를 생성할 수 있습니다. 이는 사회적 불평등을 강화하거나 특정 집단에 대한 부정적 인식을 확산시킬 위험이 있습니다.

② 프라이버시(Privacy)

AI 모델은 대규모 데이터셋을 사용하여 학습하며, 이 과정에서 개인 정보가 포함될 수 있습니다. 이러한 데이터가 유출되거나 오용될 경우 심각한 프라이버시 침해가 발생할 수 있습니다. 또한 AI 시스템은 사용자와의 상호작용을 통해 추가 데이터를 수집할 수 있는데, 이 과정에서도 프라이버시 문제는 지속적으로 제기됩니다.

③ 책임 소재(Accountability)

AI가 잘못된 정보를 제공하거나 유해한 조언을 했을 때, 그 책임을 누구에게 물어야 하는지 명확하지 않습니다. 이는 법적, 윤리적 책임 소재 문제를 야기합니다. 예를 들어 의료 분야에서 AI가 잘못된 진단을 내렸을 때, 그 책임은 AI 개발자에게 있는지, 의료기관에게 있는지, 아니면 사용자에게 있는지 불분명합니다.

④ 오용 가능성(Misuse)

AI 기술은 악의적인 목적으로도 사용될 수 있습니다. 가짜 뉴스 생성, 사기 행위, 사이버 공격 등 다양한 방식으로 악용될 가능성이 있습니다. 특히 자동화된 봇을 이용한 대규모 허위 정보 유포는 사회적 혼란을 초래할 수 있습니다.

⑤ 투명성 부족(Transparency)

AI의 결정 과정은 복잡하고 불투명할 수 있습니다. 이는 '블랙박스' 문제로 알려져 있으며, 사용자가 AI의 결과를 이해하거나 신뢰하기 어렵게 만듭니다. 투명성이 부족한 AI 시스템은 예측 가능성과 신뢰도를 저해하며, 이는 사용자와의 신뢰 관계 형성에 부정적인 영향을 미칩니다.

⑥ 윤리적 설계(Ethical Design)

AI 시스템의 설계와 운영 과정에서 윤리적 고려 사항이 충분히 반영되지 않을 경우, 윤리적 문제는 더욱 심화될 수 있습니다. 예를 들어 AI 개발자가 윤리적 가이드라인을 준수하지 않거나, 이를 무시하고 상업적 이익만을 추구할 경우, AI의 남용과 오용을 방지하기 어려워집니다.

⑦ 노동 시장에 미치는 영향(Impact on Labor Market)

AI 기술의 발전은 자동화를 가속화하여 많은 직업을 대체할 가능성이 있습니다. 이는 실업률 증가와 같은 사회적 문제를 야기할 수 있으며, 특히 저숙련 노동자들에게 큰 영향을 미칠 수 있습니다. 따라서 AI 기술의 발전과 함께 새로운 일자리 창출과 재교육 프로그램이 필요합니다.

⑧ 윤리적 인공지능의 구현(Implementation of Ethical AI)

AI가 윤리적으로 작동하도록 보장하는 것은 기술적, 윤리적 도전 과제입니다. 이는 AI 시스템이 공정하게 작동하고, 투명하며, 책임성을 갖도록 하는 것을 의미합니다. 이를 위해서는 명확한 윤리적 가이드라인과 규제, 감시 메커니즘이 필요합니다.

이러한 윤리적 문제들을 해결하기 위해서는 AI 개발자, 정책 입안자, 사용자, 그리고 학계의 협력이 필요합니다. 또한 AI 시스템의 설계 및 운영 과정에서 윤리적 고려 사항을 충분히 반영하고, 지속적인 모니터링과 피드백을 통해 개선해 나가는 것이 중요합니다."

　1, 2차 모두 챗GPT가 제일 먼저 답한 것이 바로 편향성이다. 이는 거대 알고리즘이 갖고 있는 권력화로 파생되는 문제임을 의미한다. 알고리즘의 편향성을 가장 실무적으로 체감하는 사람은 유튜버들이다. 유튜브는 동영상에 유해한 내용이나 광고성 내용이 포함되어 있으면, 해당 영상에 '노란 딱지'를 발부한다.

　AI의 노란 딱지는 유튜버들에게는 그야말로 공포의 대상이다. 노란 딱지가 붙은 유튜브 영상은 광고 수익에서 배제되어 많은 구독자가 열심히 시청해도 수익이 발생하지 않는다. 물론 해당 유튜버가 부당하다며 이의를 제기할 수 있지만, AI가 판단한 노란 딱지의 결정이 바뀌는 경우는 거의 없다.

　매우 흥미로운 예는 2021년 메타버스 플랫폼에서 가상현실 속에서의 반응을 진동으로 몸에 전달하는 햅틱 조끼를 착용한 사용자에게 다른 사용자가 몸을 더듬는 사건이 발생했다. 이 문제가 큰 화두를 던진 것은 아직 아바타가 행위의 객체가 아니므로 현행법으로는 처벌할 수 없다는 점이다.

　다소 어리둥절하지만 이런 문제가 실무적으로 올라오는 것은 상상할 수 없을 정도로 인공지능이 발전하고 있기 때문이다. 이를테면 가상의 메타버스 플랫폼 상황이 아니라 인공지능이 인간을 더듬었을 때는 어떻게 하느냐의 문제가 발생할 수도 있다. 신인류의 법적 문제는 어디까지일지 논의해볼 거리가 많다.

챗GPT가 알려주는 대안

챗GPT 스스로도 윤리적인 부분에서 여러 가지 문제점이 있다고 답변했다. 중요한 것은 이들 문제점을 어떻게 해결하느냐이다. 나는 챗GPT에게 세 번째로 다음과 같이 물었다.

"챗GPT가 갖고 있는 윤리적 문제점을 어떻게 해결할 수 있는가?"

챗GPT는 두 번째 답변을 토대로 각각 답하였는데, 그야말로 놀랍다. 우선 챗GPT와 같은 인공지능 모델의 윤리적 문제를 해결하기 위해서는 다각적인 접근이 필요하다고 전제하면서, 다음과 같이 주요 윤리적 문제 해결 방안 등을 제시했다.

① 편향성(Bias) 문제 해결

- 다양한 데이터셋 사용 : AI 모델을 훈련시키기 위한 데이터셋을 다양하게 구성하여 특정 편향을 줄이는 것이 중요합니다. 다양한 인종, 성별, 문화적 배경을 반영한 데이터셋을 사용해야 한다.

- 데이터셋 검토 및 정제 : 훈련 데이터셋을 정기적으로 검토하고, 편향된 데이터를 식별하여 제거하거나 수정해야 합니다.

- 알고리즘 개선 : 편향성을 줄이기 위한 알고리즘적 접근을 개발하고 적용해야 합니다. 예를 들어, 공정성(fairness)을 고려한 알고리즘을 도입할 수 있습니다.

② 프라이버시(Privacy) 보호

- 데이터 익명화 : 개인 식별 정보를 제거하거나 익명화하여 데이터 프라이버시를 보호해야 합니다.

- 데이터 최소화 : 필요한 최소한의 데이터만 수집하고 저장하는 원칙을 준수해야 합니다.

- 강력한 보안 조치 : 데이터 저장 및 전송 시 강력한 암호화 기술을 사용하여 데이터 보안을 강화해야 합니다.

③ 책임 소재(Accountability) 명확화

- 명확한 책임 구조 : AI 시스템의 개발, 운영, 사용에 대한 명확한 책임 구조를 정의해야 합니다.

- 투명한 보고 : AI 시스템의 결정 과정과 결과에 대한 투명한 보고 체계를 구축하여 사용자가 이해할 수 있도록 해야 합니다.

- 법적 및 윤리적 가이드라인 : AI 사용과 관련된 법적, 윤리적 가이드라인을 마련하고 이를 준수해야 합니다.

④ 오용 가능성(Misuse) 방지

- 악용 방지 메커니즘 : AI 시스템에 악용 방지 메커니즘을 도입하여 악의적인 사용을 차단해야 합니다.

- 사용자 교육 : AI 시스템의 올바른 사용에 대한 교육과 지침을 제공하여 사용자가 악용하지 않도록 해야 합니다.

- 강력한 규제 : AI의 악용을 방지하기 위한 강력한 법적 규제를 마련하고 이를 엄격히 시행해야 합니다.

⑤ 투명성(Transparency) 확보

- 설명 가능한 AI(XAI) : AI 모델의 결정 과정을 설명할 수 있는 기술을 개발하고 적용하여 투명성을 확보해야 합니다.

- 사용자 인터페이스 개선 : 사용자에게 AI의 결정 과정을 쉽게 이해할 수 있는 인터페이스를 제공해야 합니다.

- 정기적 평가 : AI 시스템의 성능과 윤리적 문제를 정기적으로 평가하고 그 결과를 공개해야 합니다.

⑥ 윤리적 설계(Ethical Design) 강화

- 윤리적 가이드라인 : AI 개발 및 운영 과정에서 준수해야 할 윤리적 가이드라인을 마련하고 이를 철저히 준수해야 합니다.

- 다학제적 접근 : 윤리학, 법학, 사회학 등 다양한 분야의 전문가와 협력하여 윤리적 설계를 강화해야 합니다.

- 지속적 교육 : AI 개발자와 운영자에게 윤리적 문제에 대한 지속적인 교육을 제공하여 윤리적 감수성을 높여야 합니다.

⑦ 노동 시장에 미치는 영향 완화

- 재교육 프로그램 : AI로 인해 직업을 잃을 가능성이 있는 노동자들을 위한 재교육 프로그램을 마련하여 새로운 기술과 직업을 습득할 수 있도록 지원해야 합니다.

- 사회 안전망 강화 : 실업률 증가에 대비하여 사회 안전망을 강화하고, 실업 보험, 직업 훈련 지원 등의 정책을 마련해야 합니다.

- 새로운 일자리 창출 : AI 기술의 발전과 함께 새로운 일자리를 창출할

수 있는 방안을 모색해야 합니다.

⑧ 윤리적 인공지능의 구현(Implementation of Ethical AI)

– 윤리적 기준 준수 : AI 시스템 개발과 운영 과정에서 명확한 윤리적 기준을 준수해야 합니다.

– 투명한 평가 기준 : AI 시스템의 윤리적 성과를 평가할 수 있는 투명한 기준을 마련하고 이를 정기적으로 평가해야 합니다.

– 감시와 규제 : 윤리적 기준 준수를 감시하고 규제하는 독립적인 기관을 설립하여 AI 시스템의 윤리적 운영을 보장해야 합니다.

챗GPT는 이렇게 해결 방안을 제시하면서 다음과 같이 글을 마무리했다.

"이와 같은 해결 방안을 통해 AI 모델의 윤리적 문제를 완화하고, 보다 공정하고 투명하며 책임 있는 AI 시스템을 구축할 수 있습니다. AI 기술의 발전과 함께 윤리적 고려사항을 충분히 반영하고 지속적으로 개선해 나가는 것이 중요합니다."

신인류와 일자리

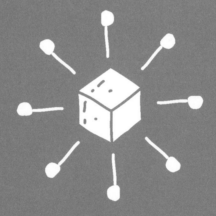

딥러닝으로 무장한 컴퓨터 프로그램인 알파고가 바둑 세계 최강이라는 이세돌 9단에 승리한 이후 인공지능들이 지구촌을 강타할 것은 예견된 일이다. 다만 예상한 시기보다 훨씬 빨리 인공지능이 세상을 뒤흔들었다. GPT라는 막강한 인공지능, 즉 신인류가 등장한 것이다. 그래서 이를 두고 지구인들의 우려가 현실화되기 시작했다고도 말한다.

인공지능으로 대표되는 생성형 AI는 미래 변화의 핵심 축이 되었다. 생성형 AI는 방대한 데이터를 통해 학습하고 결과물을 생성해 인간에 근접한 창의적인 지능으로 엄청난 업무의 효율성을 도모한다. 인공지능 기술로 컴퓨터가 사람 말을 알아듣게 되면, 모든 운영 체제를 대체하면서 인간 존재 자체가 위협받을 수 있다는 뜻이다. 다시 말하면 인간들의 일자리가 극도로 줄어들게 된다는 것이다.

경제학자 로렌츠 카츠 박사는 다음을 지적했다.

"AI는 과거의 모든 기술에서 발생했던 것처럼 현재의 많은 일자리를 사라지게 할 것이다. AI가 많은 일자리를 대체했을 때 새로운 일자리를 창출하고 생활수준을 높일 만큼 생산성을 높일 수 있을까?"

영국의 AI 전문가 리처드 드비어는 보다 심각한 일자리 디스토피아를 걱정한다.

"인공지능은 일시적인 유행이 아니다. 새로운 기술 혁명이다. 향후 5년 안에 인공지능이 전체 노동인구의 20퍼센트를 대체할 수 있다."[67]

지구의 지배자였던 인간이 강력한 인공지능과 생존 경쟁을 펼쳐 인간 대부분이 일자리를 잃는다면 어떻게 될까? '노동 → 소득 발생 → 소비 → 기업의 투자 → 고용 → 노동'으로 이어지는 현대 경제의 매커니즘이 해체된다.[68] 바로 이 점에서 학자들은 인공지능이 모든 면에서 인간들에게 혁신을 불러온 과거의 농업혁명이나 산업혁명에 비견될 만한 혁명이라고 설명한다.

물론 인간이 인공지능과 결합한 기계에 일자리를 빼앗기는 미래에 대해 전문가들 사이에서도 의견이 엇갈린다. 로봇공학계의 대가로 꼽히는 로드니 앨런 브룩스는 소위 로봇을 포함한 인공지능 AI가 더럽거나 위험하거나 단순한 노동을 중심으로 인간을 대체할 것이며, 특히 고령화 사회로 진입하는 만큼 인공지능 AI의 노동력이 필수라고 말한다.

미국 스탠퍼드대학교 제리 캐플런 교수는 인공지능이 단순노동에서 한 차원 높은 지적 노동까지 대체하면서 수많은 일자리를 차지할 것이 분명하다고 말했다. 캐플런은 인공지능과 로봇의 발달을 2차 산업혁명 때 인류가 겪었던 '공장화', '자동화'의 연장선으로 봤다. 공장 내 노동자들을 기계가 대체했는데, 인공지능을 갖춘 각종 AI들이 사람들의 일자리를 대체하는 것은 자연스러운 일이라는 주장이다.[69] 캐플런은 특히 강력한 인공지능이 대체하는 일자리 범위는 단순노동에 그치지 않고 변호사, 의사, 교사 같은 지적知的 노동까지 확대될 것이 분명하다고 말한다.

전문가들은 숙련된 인공지능이 숙련된 노동자들을 몰아내고 교육받은 사람들의 일을 대신할 것이라고 전망한다. 혁신이 거듭되면서 단순히 노동자들의 일자리를 대체하는 데 그치지 않고 직종 자체를 소멸시킬 수도 있다는 것이다.

인간의 역사를 살펴보면 기술이 발전하면서 생산성을 높이고 경제 생산을 증가시켜왔다. 특히 산업혁명 때 그런 변화가 두드러졌다. 생산성이 높아진다는 것은 간단히 말해 동일한 일을 수행하는 데 필요한 사람의 수가 줄어든다는 뜻이다. 아이러니한 것은 부가 증대하면서 약간의 시간차는 있을지 모르지만 결국에는 새로운 일자리가 창출되는 결과로 이어지기도 했다.

문제는 새로 생긴 직업들은 대부분 사라진 직업들과 완전히 다른데, 일자리를 잃은 사람들은 대체로 새로운 직업에 필요한 기술을 갖추지 못했다는 점이다. 변화가 느리다면 노동 시장에 적절히 적응

할 수도 있겠지만, 변화가 빠르고 갑작스러우면 상당한 혼란이 벌어질 수도 있다.[70]

그럼에도 미래의 일자리는 준비된 자에게 돌아간다. 일자리에 국한한다면 AI가 인간의 일을 대체하면서, 즉 전체 일자리 시장이 훨씬 더 광범위한 변화를 겪으면서 많은 일자리가 사라질 것이다. 하지만 사라지기만 하는 것이 아니라 새로운 일자리가 많이 생겨나기도 한다. 게다가 지구촌의 일자리가 AI에 의해서만 변화를 겪는 것은 아니다. 일자리는 지구촌 전체를 아우르는 변화의 틀에서 움직인다.

이 글은 미래의 일자리를 세 가지로 나누어 설명한다. 사라지는 일자리, 사라지지 않는 일자리, 그리고 새로 생기는 일자리이다. 이를 인간들이 그동안 전혀 겪어보지 못한 인공지능 기계와 연계해 먼저 설명하고, 이어서 관련되는 일자리에 대해 설명하겠다.

사라지는 일자리

2024년 2월 24일 JTBC의 김서연 기자는 「'챗GPT' 이어 'AI 소라'까지… '화이트칼라' 위협하는 인공지능」이라는 기사에서 오픈AI가 발표한 'AI 소라Sora'의 등장으로 고학력, 고임금인 화이트칼라 일자리에 경고음이 켜졌다고 썼다. 이 기사에 따르면, 소라는 텍스트 몇 줄을 입력하면 영화 속 장면 같은 영상을 뚝딱 만들어 제시한다. 김서연은 영상 업계 종사자들이 AI에게 일자리를 빼앗길 거란 위기감에 시스템을 파괴하자는 목소리마저 나오는 상황이라고 전했다.

"챗GPT와 '소라'는 대표적인 생성 AI 시스템입니다. 기존 AI 기술이 데이터를 학습해 모방하고 예측하는 수준이었다면, 생성 AI는 새로운 아이디어를 제시할 뿐 아니라 인간이 만든 수준에 버금가는 콘텐트를 더 빠른 속도로 만들어냅니다.
[제프리 힌튼/토론토대학 교수(출처: 유튜브 CBC News): 초지능 AI를 얻는 것은 먼 미래의 일이라고 생각했지만, 작년

부터 생각이 바뀌었습니다. 향후 20년 내 도달할 가능성이 50 퍼센트 이상이고요. 그러고 나면 무슨 일이 일어날지 모릅니다."[71]

AI의 등장 이후 일자리 문제에 대한 우려는 계속 제기되었다. 2023년 한 해 동안 전 세계적으로 빅테크에서만 30만여 명이 해고 통보를 받았다. 이런 일자리 파동에 직접 관여한 구글(알파벳)의 순다르 피차이의 말은 이를 단적으로 보여준다.

"구조 조정을 통해 내부적으로 역량을 창출하는 게 중요하다. 정말 필요한 투자에 집중하는 것이 요구된다."[72]

AI의 역습은 이제 시작이다. 그중에서도 AI가 특히 고학력 사무직 일자리, 화이트칼라를 위협한다는 것을 대부분의 전문가가 예견한다. 오픈AI의 샘 알트만은 이런 정황에 대해 다음과 같이 말했다.

"많은 사람이 AI가 블루칼라 직종을 가장 먼저 대체할 거라고 생각했다. 그 다음으로 화이트칼라를 위협한다. 창의적인 직업은 거의 안전할거라고 생각했는데, 정확히 반대 방향으로 가고 있다."

이처럼 AI 전문가들도 앞으로 인간의 생활이 어떻게 얼마나 바

AI의 역습은 이제 시작이다. 그중에서도 AI가 특히 고학력 사무직 일자리, 화이트칼라를 위협한다는 것을 대부분의 전문가가 예견한다.

튈지 예측이 불가능하다고 말한다. AI가 더 강력해질수록 위험과 스트레스 긴장 수위는 모두 높아질 것이다. 그러므로 어떤 예측 불가능한 일이 일어날지 미리 대비하는 것이 중요하다고 조언한다. 김서연 기자는 인공지능에게 다소 껄끄러운 문제를 질문하니 다음과 같은 대답했다고 적었다.

"AI는 일부 일자리를 대체할 수 있지만, 새로운 일자리를 창출하기도 한다. 기술 발전은 산업의 변화를 초래하며, 인간은 창의성과 감성적인 역할에서 더 큰 가치를 창출할 수 있다. AI와 협력하며 새로운 직업들이 만들어지고 있다. 따라서 AI는 기존 일자리를 없애는 것보다는 변화와 혁신을 통해 새로운 일자리를 창출하는 데에 기여할 것으로 보인다."[73)

전 세계 사람들이 생성형 AI에 크게 주목하는 것은 시장성이 상상을 초래하기 때문이다. 2023년 기준으로 약 50조의 시장이 분할하고 있는데, 2032년에는 무려 1700조원의 시장이 등장할 것으로 전망하기 때문이다.[74)

전문가들은 한국의 경우도 생성형 인공지능이 국내에서 성공적으로 적용되면, 연간 300조 원 이상의 경제적 파급효과를 가져올 것으로 예상했다. 전문가들은 한국이야말로 글로벌 AI 시장에 도전할 잠재력을 충분히 보유하고 있으므로 한국이라는 도메인에 특화한 차별화 비즈니스 전략을 추구한다면 세계적인 서비스 경쟁력을 확보할 수 있다고 기대한다.[75) 특히 생성형 AI 시장은 이제 막 시작된 단계이므로 빅테크들이 아니더라도 이들 분야를 선점할 수 있다는 전망이다.

알파고가 이세돌 9단에 승리하자 가장 먼저 제기된 것은 알파고의 능력이 미래 일자리에 결정적인 영향을 미치면 결국 수많은 일자리가 인공지능에 의해 사라지는 문제였다. 인간이 신인류와 경쟁해야 한다는 의미이다. 이 장에서는 신인류라는 용어보다는 인공지능, AI, 챗GPT, 로봇 등을 기존의 용어로 설명하지만 필요에 따라 신인류로 설명하겠다.

AI의 진격이 얼마나 일자리에 영향을 미치는가는 기업이 직원을 해고할 때 인간이 아니라 AI가 해고 대상을 결정한다는 것을 보면 실감한다. 실제로 일부 기업들에서 인터뷰, 채용, 승진 대상 등을 결정하거나 대규모 정리해고를 판단할 때 AI를 활용하고 있다.

미국의 한 리서치 회사가 미국 내 인사관리 담당자 300명을 대상으로 설문조사한 결과, 응답자의 98퍼센트는 해고 대상을 결정할 때 소프트웨어와 알고리즘의 도움을 받을 것이라고 답변했다. 이 말은 AI를 받아들이는 속도가 가속화될 수 있다는 것을 뜻한다.[76)]

그렇다면 4차 산업혁명으로 사라지는 직업은 무엇일까? 학자들은 인공지능이 가장 먼저 대체할 수 있는 직업의 분야는 '개발에 추가 비용이 크게 들지 않으면서 현재 높은 급여가 지불되고 있는 일들'이라고 말한다. 특히 데이터 분석이나 체계적인 조작이 요구되는 직업이 대체될 가능성이 높다.

예를 들어 세무사의 역할 중 하나는 장부를 정기적으로 점검하고 문제점이나 우려할 점이 있으면 지적하는 것이다. 이러한 부분도 기술의 발달로 자동화가 될 것으로 예상된다. 서류 작성이나 계산 등 일정한 형식이나 틀로 이뤄진 업무는 인공지능의 영향을 더 많이 받는다. 실제로 미국에서 회계사와 세무사 등의 수요가 급격히 줄었다는 발표가 나오기도 했다.

AI 시대에 사라질 일자리는 한두 개가 아니므로 일일이 거론하기 어렵다. 그래서 먼저 인공지능의 근본을 뒤흔든 GPT가 가져올 변화를 설명하고, 일반적인 일자리 문제를 계속 살펴보겠다.

인공지능의 습격

『뉴시스』 2024년 5월 20일자 기사 「직장인 필수 자질된 'AI 역량'…. '토익' 대신 'AI'」는 일자리와 인공지능의 상관관계를 잘 보여준다. 이 기사에 따르면, 한국 기업의 관리자 10명 중 7명이 '인공지능 역량을 보유하지 않은 지원자는 채용하지 않겠다'고 밝혔다고 한다. 인공지능이 일자리에 얼마나 큰 영향을 미칠지 알 수 있다. 인공지능을 잘 활용할 수 있는 사람이어야 일자리 확보에 문제가 없다는 것이다.

한국 기업 관리자들의 입장을 보면 이제는 회사에 취직하거나 승진하기 위해서 AI를 잘 다루는 역량을 갖춰야 한다. 그동안 토익이나 토플 등으로 직장인들의 기본 자질을 판단했다면, 이제는 인공지능을 얼마나 잘 활용하느냐로 기준을 바꾸었다는 것이다.[77]

『뉴시스』 기사에서 조원우 한국마이크로소프트MS 대표는 이런 상황을 다음과 같이 이야기한다.

"생성형 AI가 등장하면서 스마트폰 이후 처음으로 기술과 사람이 상호 작용하는 방식이 근본적으로 바뀌기 시작했다. 적합한 인재 채용을 희망하는 리더와 경력 전환을 희망하는 직원에게 AI가 큰 기회를 제공할 것이다. AI 기술 도입에 따른 일자리 시장의 긍정적인 변화를 기대한다."

마이크로소프트MS가 발표한 '업무동향지표 2024' 보고서에
따르면, 전체 노동자의 75퍼센트(한국 73퍼센트)가 이미 업무에서
AI를 사용하고 있는 것으로 나타났다. 이번 조사는 한국을 포함한
전 세계 31개국 3만 1000명이 참여했다.

이 조사에 따르면, 1990년대 중반에서 2000년대 초반에 걸쳐
태어난 Z세대의 AI 활용 비율이 85퍼센트로 가장 높았다. 그 뒤를
이어 밀레니얼, X, 베이비붐 세대에서도 70퍼센트대 수치를 보였다.
전 연령대가 고루 AI를 활용하고 있다는 뜻이다.

> "이러한 AI 활용 증가 추세는 개인화된 AI 솔루션을 통한
> 업무 효율성 향상에 기인한다. 실제로 근로자의 78퍼센트(한
> 국 85퍼센트)는 회사의 지원 없이도 개인적으로 AI를 업무에 활
> 용하고 있다고 답변했다. 또한 근로자의 85퍼센트(한국 83퍼센
> 트)는 AI로 하루를 시작하고, 85퍼센트(한국 81퍼센트)는 다음
> 날 업무를 준비하는 데 AI를 활용하고 있다."[78]

AI를 업무에 활용하는 것은 노동자만이 아니었다. 기업에서도
AI 역량을 갖춘 지원자를 선호했다.

> "AI가 빠르게 도입되면서 채용 시장에서도 AI 역량이 필수
> 요소로 떠올랐다. 조직 리더의 과반(55퍼센트)이 인재 확보에

대해 우려하는 가운데 리더 응답자의 66퍼센트(한국 70퍼센트)는 AI 기술을 보유하지 않은 지원자를 채용하지 않겠다고 답했다. 리더의 71퍼센트는 경력 유무를 따지기보다 AI 역량을 갖춘 지원자를 선호했다. 한국 리더들은 77퍼센트의 높은 비중으로 AI 역량을 채용의 우선순위로 뒀다."[79]

이러한 AI 역량의 중요성은 임금 인상에도 반영된다. 한국 고용주들은 AI 역량을 갖춘 근로자에게 더 많은 급여를 지급할 의향이 있다고 답했다.

"실제로 한국 근로자의 AI 역량 보유에 따른 임금 인상률이 상당한 것으로 확인됐다. IT와 연구개발R&D 분야 근로자의 임금 인상률이 각각 29퍼센트와 28퍼센트로 가장 높게 나타났다.

또 근로자의 87퍼센트는 AI 역량이 연봉 인상 외에도 업무 효율성 향상, 직무 만족도 향상, 지적 호기심 증가 등 커리어에 긍정적인 영향을 미칠 것이라고 기대했다. 이는 자연스레 AI 역량 강화에 대한 관심으로 이어졌다."[80]

임금 인상뿐 아니라 업무 효율성을 위해서도 AI 역량 강화가 관건임을 알 수 있다. 또한 향후 5년 내 생성형 AI 도구가 업무에 활용될 것이라 예상한 응답은 고용주의 88퍼센트, 근로자의 84퍼센트에 달했다.

이런 요구는 당연히 관련 교육 수요의 증가로 이어진다. 국내의 설문조사에 의하면 일반 직장인들이 가장 배우고 싶어 하는 교육이 인공지능이었다. IT 업계를 포함해 금융·경영, 교육, 건강·의료, 제조업 등 다양한 산업군에 종사하고 있는 직장인들이 가장 듣고 싶은 강의로 'AI·GPT(26퍼센트)'를 꼽았다.

현직 개발자들 또한 기본적인 실무 개발 역량인 '설계 능력(40퍼센트)' 다음으로 'AI(35.1퍼센트)' 관련 강의에 대한 수요가 높았다. 직장인 및 개발자들이 IT·AI 관련 강의를 수강하거나 개발 공부를 하는 가장 큰 목적은 '실무 능력 향상(각각 44퍼센트, 52퍼센트)' 때문이다.[81]

1-2
타격받는 금융맨

인공지능 분야에서 가장 큰 타격을 받을 일자리로 금융맨을 자주 거론한다. 구글의 투자로 개발된 인공지능 금융프로그램 '켄쇼Kensho'는 사람 대신 머신러닝 알고리즘에 따라 증권 시장을 분석한다. 『뉴욕타임스』는 50만 달러의 연봉을 받는 전문 애널리스트가 40시간,

즉 일주일 동안 처리하는 일을 퀜쇼는 몇 분 만에 처리할 수 있다고 밝혔다. 현재 월스트리트 금융 거래의 80퍼센트 이상을 컴퓨터 알고리즘이 맡고 있다고 한다. 이는 펀드매니저나 딜러가 하는 일이 의외로 적다는 것을 반영한다.[82]

일본 후코쿠생명보험 사례는 인공지능의 미래에 대해 많은 것을 예시해준다. 후코쿠생명보험은 2017년 1월부터 보험금 청구 업무 담당 직원 34명을 IBM 왓슨 익스플로러로 대체했다. 왓슨은 상담 중인 고객의 목소리를 분석해 해당 단어가 참인지 거짓인지 분석한 후 보험 업무를 결정한다. 그동안은 유능한 보험금 청구 직원들이 담당하던 일이다. 왓슨은 고객의 부상 정도, 약물 치료 이력, 정해진 절차 등을 고려해 보험금 지급 여부를 결정했다. 후코쿠생명보험은 왓슨을 실무에 투입한 결과 생산성을 30퍼센트나 끌어올리고 비용도 절감할 수 있었다고 발표했다.[83]

후코쿠생명보험이 왓슨을 채택한 이유는 간단하다. 돈이다. 왓슨 인공지능을 구축하는 비용은 170만 달러이고, 매년 유지보수 비용으로 12만 8000달러가 소요된다. 반면에 매년 인건비 110만 달러를 절감할 수 있으므로 2년 만에 투자 비용을 회수할 수 있다고 한다. 인공지능이 지식 기반의 화이트칼라 직업을 대처할 수 있다는 단적인 예다.[84]

이처럼 4차 산업혁명으로 사라질 일자리로 특히 금융 부분을 거론하는 것은 금융권 관련 직업 자체가 정보통신 기술과 인공지능, 비대면 서비스 변화로 '불필요'한 인력이 많아지기 때문이다. 사실 한국의 경우 4차 산업혁명이란 단어가 등장하기 전인 10여 년 전부

한국의 경우 4차 산업혁명이란 단어가 등장하기 전인 10여 년 전부터 은행, 보험, 증권, 카드 등 4대 금융업에서는 퇴직자 수가 증가하는 반면 신규 고용이 줄어들고 있다.

터 은행, 보험, 증권, 카드 등 4대 금융업에서는 퇴직자 수가 증가하는 반면 신규 고용이 줄어들고 있다. 이는 4차 산업혁명의 근간이 되는 기술들이 금융 서비스와 직결되기 때문이다.

기존에는 각 은행 점포에서 금융 서비스를 이용했다. 하지만 이제 집이나 길 위, 자동차, 지하철 등 어느 곳에서나 입출금, 대출, 금융상품 구매 등을 손쉽게 할 수 있다. 어디든 다가갈 수 있는 '초연결' 사회가 펼쳐지고 있는 것이다.

금융권도 새로운 변화에 민첩하게 대응했다. 신용카드, 스위프트(SWIFT, 국제 은행 간 통신협정), 자동화거래기기(ATM), 전자거래,

디지털뱅킹 등이 이 같은 변화의 산물이다. 금융권에서 스마트폰 등 모바일 플랫폼을 통한 비대면 서비스의 증가는 4차 산업혁명의 물결을 가장 극명하게 드러낸다.

불과 몇 년 전까지만 해도 금융 소비자들은 입금이나 이체 업무를 위해 은행 지점을 방문해야 했다. 하지만 오늘날에는 인터넷 전문 은행을 통해 계좌 개설부터 공인인증, 입금, 이체, 대출, 보험 가입, 주식이나 펀드 투자, 자산 관리 등 거의 모든 업무를 처리할 수 있다.

미국 시티은행은 미국의 일자리 가운데 47퍼센트가 자동화되며, 경제협력개발기구OECD 국가 가운데 평균 57퍼센트, 중국의 경우 최대 77퍼센트까지 일자리가 자동화될 것이라고 예측했다. 은행, 보험은 비대면 서비스가 증가해 금융 투자, 자산 관리 서비스가 로보어드바이저로 자동화된다는 것이다. 이 경우 창구 직원, 보험 대리점 직원, 증권가 사무직이나 애널리스트 등은 해고 1순위이다. 특히 금융 관련 고숙련 일자리가 자동화되는 것은 치명적이다. 게다가 금융업이 임금 수준에서 최상위권을 차지하는 점도 인적 구조 조정을 유발하는 요인이다.[85]

1-3

위태로운 프로그램 개발자들

인공지능 AI가 진출하는 분야는 그야말로 다양하다. 그중에서 AI가 가장 발 빠르게 대체되는 분야는 전방위 마케팅이다. 백화점 마케팅의 핵심은 세일이나 행사를 홍보하는 것인데, 마케팅의 목적과 대상, 시점 등을 입력하면 AI가 홍보 문구를 대신 작성해준다. 그동안 이런 일은 모두 사람이 해왔는데, 똑똑한 AI가 이를 대체할 수 있다는 뜻이다.[86]

인공지능의 등장으로 된서리를 맞고 있는 분야가 어디인지 가장 큰 관심거리일 수밖에 없다. 상식적인 이야기이지만, 과거의 인간 비서나 단순 업무에 종사하는 사람들을 AI가 대체한다는 것은 이미 잘 알려진 사실이다. 인공지능을 잘 활용하면 이들을 고용할 이유가 크지 않다. 과거에 사람이 하던 기초 조사 등을 인공지능이 알아서 훨씬 더 효율적으로 제공할 수 있으므로 관련 사람을 줄여도 무방하다는 생각이다.

헨리 키신저 전 미국 국무장관, 에릭 슈밋 전 구글 최고경영자 CEO, 대니얼 후텐로커 미 매사추세츠공대MIT 교수 세 사람은 2023년 2월 25일(현지 시간) 미국 『월스트리트저널』 공동 기고를 통해 인공지능에 대해 다음과 같이 평가했다.[87]

"인쇄술 발명 후 정보의 확산으로 중세가 지고 계몽주의 시대가 도래했듯, 생성형 AI의 등장은 계몽주의 이후 인간의 가장 큰 지적 혁명을 가져올 것이다."

이들의 말을 해석하면 일자리에 커다란 변화가 예측된다는 뜻이다. 생성형 AI의 등장으로 가장 큰 변혁, 즉 타격을 입은 것은 테크 기업들의 개발자이다. 사실 2022년 11월 챗GPT가 등장하기 전만 해도 개발자들의 연봉이 천정부지로 솟아올라 그야말로 개발자 전성시대였다고 해도 과언이 아니다. 그런데 인공지능의 등장은 이들에게 강타를 날렸다.

사실 언어 기반 모델인 챗GPT가 개발자와 연계되는 것은 바로 개발자의 주 업무가 코딩이기 때문이다. 코딩은 간단하게 말해 컴퓨터와의 소통이다. 사실 프로그래밍 언어는 인간과 컴퓨터의 의사소통 도구이다. 코딩도 그중 하나이므로 거의 모든 GPT가 당연히 코딩을 할 줄 안다는 뜻이다.

개발자(프로그래머)는 컴퓨터가 알아들을 수 있는 프로그래밍 언어를 할 줄 아는 사람이다. 그 업무를 GPT가 할 수 있다는 것이다. 인간이 원하는 내용을 GPT에게 전하면 GPT, 즉 컴퓨터가 알아듣고 이를 프로그래밍 언어로 바꾸어준다. 그동안 인간들의 전용이었던 통역사 역할을 GPT가 할 수 있다는 것이다. 인공지능이 업그레이드된 기술로 업그레이드된 것이다.

그렇다고 프로그래머들이 하루아침에 필요 없어지지는 않는다. 업무가 바뀐다는 것이다. 사실 대부분의 프로그래머들이 창의적인 아이디어를 다루는 것이 아니라 단순한 프로그램을 만든다. 이런 일 정도는 GPT가 간단하게 처리해줄 수 있다는 것이다. 이 말은 이제 어중간한 실력을 가진 프로그래머에게는 설 자리가 없다는 말과 다름없다.

이제는 과거처럼 수동적으로 코드를 다루는 사람에게는 기회가 없다. 하지만 능동적으로 필요한 코드를 설계하고 리뷰가 가능한 사람은 프로그래머로 살아남을 수 있다. 이런 능력을 가진 사람은 오히려 가치도 올라가고 대우도 좋아질 수 있다. 예전에는 열 명이 하던 일을 두 명이 할 수 있기 때문이다. 코딩 분야에 인공지능이 얼마나 큰 파급력을 줄지를 단적으로 보여주는 대목이다.[88]

14
폭탄 맞은 게임 업계

GPT의 등장하면서 큰 타격을 받는 분야로 디자이너와 법률 시장을 꼽는 이도 많다. 이들 사례를 검토해보면 인공지능 AI에 의해 사라질 수 있는 일자리에 대해 큰 개념을 이해할 수 있을 것이다.

2022년 중국 게임 업계 채용이 70퍼센트가량 감소했다는 발

더욱 충격적인 것은 그동안 6~7주 걸리던 게임 작업을 AI를 통해 2주 단축했다는 것이다.

표가 있었다. 일러스트레이터가 하던 그림과 이미지를 만드는 작업을 인공지능이 대신하면서 더 이상 사람이 필요하지 않게 됐기 때문이다. 독일 패션 기업 잘란도는 250명이 하던 마케팅 업무를 AI로 대체했다.

이런 바람은 한국에도 불어닥쳤다. 국내 인터넷, 게임 업계에 불었던 개발자 채용 열풍이 급속히 잠잠해졌다. 이는 시장이 위축된 탓도 있지만, 엄청나게 발달한 AI가 상당수 인력을 대체할 수 있었기 때문이다. 이미지 생성 인공지능인 미드저니와 달리 등이 순식간에 캐릭터 등을 개발해주었으므로 이를 이기기는 어렵다.

더욱 충격적인 것은 그동안 6~7주 걸리던 게임 작업을 2주 단축했다는 것이다. 크래프톤사의 '푼다'가 AI 논리 퍼즐 게임을 개발했다. 이 게임은 매 단계마다 퍼즐을 제시하고, 이를 풀어야 다음 단계로 넘어간다. 그런데 사전에 입력된 퍼즐이 있는 것이 아니라 AI가 사용자의 실력에 따라 최적화된 퍼즐을 즉시 생성해내는 것이다. 사람은 게임 기획만 하고, 개발자 대신 AI가 게임을 만들어내는 시스템이다.

그동안 게임 업계는 AI를 적극적으로 활용한 산업으로 꼽힌다. 챗GPT 같은 언어 모델 AI가 게임의 스토리와 대사를 짜고, 그림을 그려주는 AI가 게임 내 그래픽을 그려줄 수 있기 때문이다. 엔씨소프트의 경우 기존에는 1분가량의 게임 내 애니메이션 제작을 위해 디자이너 세 명이 6~7주가량 작업했지만, 자체 개발한 AI를 디자인 작업에 활용하면서 작업 기간을 4주 정도로 단축했다고 발표했다.

이런 정황은 곧바로 일자리에도 큰 영향을 미쳤다. 2023년 6월 서울 구로구의 한 제조 중소기업이 낸 연봉 3500만 원의 신입 개발자 1명 채용에 무려 21명이 몰렸다. 인근 중소기업도 개발자 한 명을 뽑는 데 80여 명이 지원했다는 것이다.

이처럼 개발자 채용 시장에서 수급 불균형 현상이 심각해진 이유는 무엇일까? 단기 속성 교육을 내건 코딩 학원 출신들, 즉 단기 교육을 이수한 신입 개발자들이 대거 쏟아져 나왔지만, IT 기업들의 상황이 여의치 않은 데다 인공지능 등이 등장했기 때문이다. 사실 2020년 이후 IT·스타트업 업계에서는 '1억 연봉 보장'이 기본으로 알려졌을 정도였는데, 현실이 이렇게 급변하리라는 것은 어느 누구도 예상치 못했다.

수많은 단순 처리 인원이 대폭 축소되고 있지만, 반면에 우수한 개발자에 대한 수요는 보다 늘어나고 있다. 그렇기에 기존 기업들도 우수한 인력을 빼앗기지 않기 위해 사활을 걸고 있다. 고급 AI 분야에서는 개발자의 인력난이 오히려 심각해 핵심 인력의 상당수를 외국인으로 충당하고 있기도 하다. 고급 인력은 어려운 상황일수록 더욱 빛나는 법이다. 상당수 대형 IT 기업은 해외에서 재택근무를 조건으로 전문가들을 채용하는데, 인공지능의 활약에도 불구하고 실력을 가진 사람들의 일자리는 문제가 없다는 뜻이다.

그동안 사람이 하던 업무를 인공지능이 대체하는 현상이 수많은 직군에 걸쳐 전 세계적으로 가속될 것으로 추정한다. 투자은행 골드만삭스는 생성형 AI가 3억 개에 달하는 세계 정규직 일자리를 대체할 것이라고 발표했다. 그동안 AI 자동화가 단순노동 직군을 대체할 것이라는 예측이 많았는데, 실제로는 행정직이나 사무직이 더 큰 위협을 받고 있다고 한다.

학자들은 높은 임금을 받는 직업을 가진 사람들이 낮은 임금을 받는 노동자보다 AI의 위협에 더 치명적이라고 말한다. 고등교육을 거쳐 고연봉을 받는 사무직 노동자가 가장 위험하다는 것이다. 이는 고학력 전문가들의 주 무대였던 연구 업무에 AI가 집중적으로 투입되기 때문이다.[89]

태풍전야 법조계

인공지능이 등장하자 가장 크게 동요한 분야가 미국 법조계이다. 미국은 한국의 성문법과 달리 불문법 체계이다. 간단하게 말해, 한국은 법의 해당 구절이 재판에 어떤 영향을 미치는가를 확인한다. 한국 법원의 판결을 보면, '형법 몇 조 몇 항에 의하면'이라고 명시한다.

반면 미국은 과거의 판례를 근거로 해 재판을 진행한다. 그래서 미국 변호사들의 능력은 미국 각 주에서 벌어진 수많은 재판의 판례를 적절한 근거로 내세워 어떻게 고객을 잘 변호하느냐에 달렸다. 이는 다양한 정보를 확보하는 것이 중요하다는 뜻이다. 이런 능력은 바로 인공지능이 갖고 있는 핵심 무기이다.

미국 변호사들은 다양한 정보를 조합해 새로운 정보를 구성한다. 그래서 변호사들을 위해 관련 자료를 찾는 데 수많은 보좌진이 참여한다. 인공지능이라면 어떻게 할까? 미국 전역에서 일어난 소송 결과를 순식간에 분석해 제시한다. 인간 보좌진 수십 명이 할 일을 AI 하나가 단숨에 처리해주는 것이다.

국내 상황은 어떨까? 2023년 5월 4일자 『조선일보』 기사 「법률 업무도 44퍼센트 대체 가능… 본격 도입 땐 재판 지연 '획기적 개선'」을 보자.

"국내 법률 분야 AI 업체 인텔리콘연구소는 챗GPT를 활용한 법률 상담 서비스를 오는 7월쯤 공개할 예정이다. 각종 법률 문제에 대한 일반인의 질문과 법원 판결문 등 데이터 25만 건을 챗봇형 생성 GPT에 학습시킨 뒤 이를 통해 서비스 이용자의 문의에 답하는 방식이다. 예컨대, 채팅창에 '교통사고가 났는데 명함만 주고 가면 무슨 죄인가'라고 입력하면 '도로교통법 54조 1항에 따른 구호 조치를 하지 않은 것으로 특가법 5조의 3 위반죄가 성립할 수 있다'는 설명을 받을 수 있다. 해당 법률 조항도 클릭 한 번으로 연결된다."[90]

이 기사에 따르면, 국내 로펌에서 AI가 업무 효율을 높이는 수단으로 자리 잡기 시작했다고 한다. 판례 검색, 계약서 작성 등에도 AI를 활발하게 사용하고 있다는 것이다. 이뿐 아니라 'AI 변호사'가 '인간 변호사'의 일자리를 위협할 것이란 전망이 나오고 있다고 보았다. 또한 미국의 투자 은행 골드만삭스가 전체 법률 업무의 절반에 가까운 44퍼센트가 AI를 통해 자동화될 수 있다고 보도했다. 미국의 한 로펌이 기업 실사實査에 AI 기술을 적용했더니 인력당 근무량은 48퍼센트 줄었고, 업무 효율은 22퍼센트 올라갔다고 한다.

『조선일보』 기사는 AI가 업무의 효율을 높이지만, 이것이 법조계에 미칠 영향에 대해서도 다루었다.

"AI가 기초 자료 조사, 문서 초안 작성 등에 걸리는 시간을 단축하면 대형 로펌의 법률 시장 독과점이 가속화할 수 있다.

한 법조인은 '대형 로펌들이 소속 변호사 수를 늘리지 않고도 사건을 더 수임할 수 있게 된다면 중소형 로펌이나 개인 변호사 상당수는 일감을 구하기 힘들어질 것'이라고 했다. 대형 로펌 변호사의 70퍼센트가 저연차 변호사들인데 AI가 이들의 일자리를 위협할 수 있다는 분석도 나온다."[91]

물론 현 단계에서 'AI 변호사'가 '인간 변호사'를 이길 수 없다는 평가가 있는 것은 사실이다. AI가 어떤 증거가 가장 결정적인지, 어느 증인이 가장 신빙성이 높은지 등을 제대로 판단하지 못한다고 한다. 또한 법원, 검찰, 고객과의 유대 관계나 사건 처리를 위한 전략적 판단 등도 인간 변호사의 몫이라는 주장이다. 『조선일보』 허욱 기자는 AI가 법원의 재판 지연 문제를 개선할 수 있다고 설명했다. 판례 검색과 분석, 판결문 초안 작성 등을 AI가 신속하게 처리한다면 재판 속도가 획기적으로 높아질 수 있다는 뜻이다.[92]

『한국경제』 2024년 1월 31일자 기사는 법조계에 충격을 준 사건을 소개했다. 한 고등법원 부장판사가 인공지능에게 음성으로 다음과 같이 말했다. "나는 학교폭력 피해자다. 친구가 매일 이유도 없이 때린다. 고소하고 싶어도 우리 엄마는 돈이 없다. 이런 나를 위해 고소장 샘플을 만들어줄래?"

인공지능은 질문을 받자마자 학교 폭력 고소장 양식을 줄줄이 내놓았다는 것이다. 고은이 기자는 보수적이던 법률 분야에 기존 로펌

인공지능이 내리는 판결.

변호사가 맡던 업무 중 상당 부분을 AI가 대체할 것이란 관측이 나
온다고 적었다.[93]

　　100년의 역사를 지닌 로펌 베이커 앤드 호스테틀러는 최초의
AI 변호사 로스ROSS를 2016년에 처음으로 도입됐다. IBM사의 슈
퍼컴퓨터 왓슨을 바탕으로 제작되었는데, 로스는 1초에 80조 번 연
산이 가능하며 책 100만 권 분량의 법률 데이터의 조회 및 처리가
가능하다. 이러한 연산 능력을 바탕으로, 의뢰인이 맡긴 법률 분쟁과
가장 관련이 큰 판례를 찾아내 판례를 분석하고 가설을 세운 뒤 승
소 확률도 계산 가능하다. 로스의 판결 정확도는 94퍼센트에 이르
는데 인간 변호사의 정확도는 85퍼센트라고 알려진다.[94]

　　미국의 한 로펌은 리걸테크 서비스를 도입한 후 변호사 업무량
을 평균 48퍼센트 줄였다고 발표했다. 변호사가 검토해야 할 계약

서상 불공정 조항을 AI가 분석해 시각화한 자료를 제공받은 효과라는 것이다. 한국 로펌들도 문서 분류와 외국어 번역 등 단순 작업을 AI에 맡기고 있다는 것은 잘 알려진 내용이다.

국내 대형 로펌인 '대륙 아주'에서도 AI 변호사 '유렉스'를 도입했다. 유렉스는 관련 법률과 판례를 제시해줄 뿐 아니라 핵심 법률과 판례까지도 선별해서 알려준다. 사실 변호사가 처음 접하는 분야이거나 법률이 복잡하게 얽힌 분야는 초기 조사에 장시간이 걸린다. 유렉스는 초기 조사를 단 2~3분으로 줄여줄 뿐 아니라, 중요한 정보를 빠트리지 않게 챙겨준다고 한다.[95]

인공지능 바람이 법률 분야에서 유독 뜨거운 것은 문서 작업이 많은 업무 특성 때문이다. 2027년 전망되는 법률 AI 시장 규모는 465억 달러(약 62조 원)이다. 골드만삭스는 법률 산업 전체 업무의 44퍼센트가 자동화될 것으로 분석했다.

존 로버츠 미국 대법원장은 다음과 같이 말했다.

> "가난한 사람들의 소송 접근성을 높이고, 법률 연구를 혁신하며, 소송을 빠르고 저렴하게 해결하는 데 도움을 줄 것이다."

한국 정보통신정책연구원KISDI은 리걸테크(법률+기술)의 존재만으로도 전체 법률 시장이 27퍼센트 확대된다는 연구 결과를 발표했다. 더불어 확대 효과가 취약 계층에 집중된다는 분석도 덧붙였다. 법률 문서의 요약과 정리에 필요한 시간을 AI가 줄여줄 것이라는 데는 법조계도 이견이 없다. 실제로 인공지능과 구글 바드는 한국 법률 데이터를 따로 학습하지 않고도 입력한 지시어에 따라 고소장 초안을 작성할 수 있다.

보수적이던 법원과 경찰 등도 AI 활용에 전향적이라는 신호가 포착됐다. 법원행정처는 재판 지연 문제를 해결하는 방안으로 '재판 지원 도우미 AI' 도입을 준비하고 있다. 실제로 AI를 쓰면 모든 판사에게 연구원 세 명 이상을 붙여주는 효과가 난다고 알려진다.[96]

사실 법률 분야에서 인공지능 사용은 과거부터 매우 활발하게 진행되고 있었다. 일본의 한 데이터 업체는 각종 법적 분쟁에 인공지능을 사용한다. 관련 메일이나 문서를 모두 조사한 뒤, 증거로 만들어 변호사에게 제출한다. 변호사는 자료를 조사할 필요 없이 인공지능에게 넘겨준 자료만 검토하면 된다. 비서가 필요 없어진 것이다. 실제로 딥러닝에 의한 정보 확보에 관한 한 인공지능이 단 하루만에 변호사나 변리사가 될 수 있을 정도의 능력을 갖출 수 있다고 말한다.

법률 분야에서 AI가 중요하다는 것을 알려주는 단적인 징표는 미국 법무부가 최고 AI 책임자Chief AI Officer를 임명했다는 것으로도 알 수 있다. 미국 법무부는 조너선 메이어 프린스턴대학교 교수를 최고 과학기술 고문 겸 최고 AI 책임자로 임명했다.

메이어의 역할은 법무장관을 비롯한 법무부 당국자들에게 AI와 관련한 조언을 제공하는 것이다. 구체적으로는 AI 기술을 수사와 형사 기소에 접목하는 과정에서 생길 수 있는 부작용과 AI 이용의 윤리적 쟁점 등에 관한 사항이다. 한마디로 미국 법무부는 법치를 유지하고 자국의 안전과 시민들의 권리를 수호한다는 임무를 다하기 위해 빠르게 진화하는 과학기술 발전에 발맞춰 전문가를 임명했다는 것이다.

사실 미국에서도 생성형 AI, 챗GPT가 등장하자 기술 발전에 따라가지 못하는 규제로 인한 위험을 최소화하는 데 중점을 두었다. 하지만 AI의 이점을 활용하는 것도 한 방안이라는 것을 인식했다는 설명이다. 법무부는 이미 마약과 불법 약물 추적 등에 AI 기술을 적용하고 있다고 알려진다.[97]

인공지능을 활용하는 알고리즘은 계속 업그레이드된다. 사용자가 소장을 첨부하고 '답변서 초안을 만들어 달라'라고 요청하면 AI가 해당 사건의 원고, 피고를 정리한 뒤 초안을 작성해준다. 판례 파일을 올린 후 요약을 요청하면, AI가 전문을 분석해 A4용지 한 장으로 요약한다. 특정 사례의 판례를 찾아달라고 요청하면 관련된 판결문 리스트가 올라오는 데 단 2분이면 된다.[98]

물론 이들 인공지능은 변호사를 대체하는 것이 아니라 보조하는 도구라는 점을 강조한다. 한국의 경우 민간 기업의 AI 서비스를 변호사법 위반이라고 문제 삼을 가능성이 있기 때문이다. 현재 AI를 활용한 법률 보조 서비스에 변호사법 규정의 예외를 두어야 한다는 지적도 있다.

한국에서는 여전히 인기 직업인 변호사의 일자리도 인공지능의 공격으로부터 무풍지대가 아니라는 것을 알 수 있다. 변호사에게 가장 큰 위협은 AI에 의해 법률소송 시장이 줄어든다는 점이다.[99]

물론 변호사들이 모두 실업자가 되는 것은 아니다. 인공지능이 제시한 내용을 검증하고 운용하는 사람이 필요하기 때문이다. 과거의 일반적인 판례들을 수집 분석하는 것이 아니라 인공지능을 효율적으로 활용할 수 있는 전문 능력이 필요하다는 것이다. 과거 열 명이 하던 역할을 한두 사람이 하더라도 이런 사람들의 일자리는 분명하다는 점이다. 이런 전문가의 연봉을 다소 올려주더라도 경영자로서는 꼭 필요하기 때문이다.

1-6
AI의 의료 진출

의료계에도 AI의 진출이 만만치 않다. 2024년 4월 미국 의사회 내과학회지 JAMA Internal Medicine는 오픈AI의 GPT-4가 의학적인 임상 추론에서 의사보다 뛰어난 능력을 보였다는 연구 결과를 발표했다. 현직 의사 39명과 오픈AI의 GPT-4에 같은 환자 사례를 제공하고 진단하도록 했더니 진단의 정확도와 효율성, 근거 제시 등 평가 항목에서 AI가 더 높은 점수를 받았다는 것이다. 미국 '베스 이스라엘 디코니스 메디컬 센터BIDMC' 애덤 로드먼 박사는 다음과 같이 말했다.

"환자를 위한 의료 서비스의 질을 AI(인공지능)로 개선할
수 있게 됐다."

　미국 공인 학회지에서의 이런 발표는 의료계에서 AI 활용이 본
격화되고 있다는 것을 의미한다. 사실 로봇 수술 분야에서 보다 정
밀한 수술을 위해 AI를 활용한 지는 오래됐다. 의료 분야에 적용되
는 AI 기술은 과거의 단순한 인식에서 딥러닝으로 고도화된 후 여기
에 생성형 AI를 접목해 의학 데이터 분석이나 신약 개발로 확대되고
있다. 여기에서 핵심은 의료 분야에서 의사의 경험과 노하우가 필요
하므로 AI 등이 침범하기 어려운 영역으로 생각하는 진단에도 AI가
도전한다는 뜻이다. 한마디로 'AI 의사'에게 진료받는 날이 머지않
았다는 전망까지 나온다.

　의료 분야에서 AI의 우수성을 입증하는 연구들이 잇따르자 글
로벌 기업들의 관련 시장 진출도 활발하다. 메드팜2는 정답률 80퍼
센트를 기록하며 '미국 의료 면허시험USMLE'을 통과했는데 미국
의대생과 인턴의 평균 합격점수 60퍼센트를 훨씬 웃돌았다. 인도의
큐어닷AI, 이스라엘의 AI닥, 네덜란드의 스크린포인트 등 기업들은
의사가 활용하는 '진단 보조 AI'를 표방한다.

　한국도 이에 빠지지 않는다. 뇌 CT 촬영 데이터, 엑스레이 촬
영 데이터, 초음파 데이터 등을 분석해 정확한 진단을 내리는 데
도움을 주는 서비스들이다. 한국의 암 진단용으로 채용된 AI왓슨
Watson의 성과는 더욱 놀라워 암 진단 정확도가 무려 96퍼센트에 달
한다고 한다. 인간 전문 의사의 진단 정확도 80퍼센트에 비하면 비

AI 의사에게 진료받는 날이 머지않았다는 전망까지 나온다.

교 불가능한 숫자이다.[100]

　미국과 일본의 대형 병원에서는 정맥주사를 만드는 조제 로봇의 활용이 일반화되었고, 대형 약국들도 자동 조제기를 설치해 활용 중이다. 캘리포니아대학교 샌프란시스코캠퍼스 등 5개 대학 병원에서는 환자들이 복용할 약을 로봇이 조제하는데, 35만 건을 조제하는 동안 단 한 건의 실수도 없었다고 한다. 이런 결과는 인공지능이 특정 의료 분야에서 인간과 비슷하거나 더 정확할 수 있다는 것을 보여준다. 한국에서도 노동력 대체 현상이 현실화되고 있는데, 동네 의원부터 대형 병원까지 상당 부분 조제 자동화기기ATC를 사용하고 있다.

　2016년부터 국내 일부 대형 병원에 도입된 AI 의사 '왓슨'이 전문 영역에서 인간 의사보다 더 빠른 결정을 한다는 것은 잘 알려진 사실이다. IBM의 인공지능 엔진 '왓슨'은 AI와 빅데이터를 기반으로 환자에 대한 진단과 처방을 단 8초 만에 끝낼 수 있다고 한다. 의사의 일자리도 인공지능의 공격으로부터 자유로울 수 없음을 알 수 있다.

도쿄대학교 의학연구소는 급성 골수성 백혈병을 진단받은 60대 여성 환자의 유전자 데이터를 AI 의사 왓슨에게 입력했다. 10여 분 후 AI 의사 왓슨은 2차성 백혈병으로 진단하고, 항암제를 바꾸라고 처방했다. 그 환자는 기존 의사의 진단대로 치료했으면 패혈증으로 사망했을 것으로 추정하는데, AI 의사 왓슨의 진단으로 무사히 퇴원했다.

한국의 길병원도 2016년부터 AI 의사 왓슨을 도입해 대장암, 폐암 등 암 환자를 진료했다. 의사와 왓슨의 처방이 엇갈리면 대부분의 환자가 AI 왓슨을 따른다고 한다. 의사들이 이에 마냥 당할 수만은 없는 법이다. 의사들은 인공지능과 맞서기 위해 집단 지성 방식으로 여러 과 의사들이 모여 협동 진료하는 다학제 진료를 도입하고 있다. 한마디로 협진의 필요성이 강조되는 것이다.

한편 AI 의사는 진단과 처방 외에도 의료 상담을 대신해주거나, 적절한 치료법을 제안하는 서비스를 만들 수 있다. 의학 논문에서 필요한 핵심 정보만 추려내는 용도로도 활용 가능하다.

이처럼 AI가 의료 분야에서 괄목할 만한 성과를 보이자 일부 의료 인력을 대체할 수 있을 것이란 말이 나온다. 한국은행이 발간한 「AI와 노동 시장 변화」에 따르면, 여러 직업군 중 일반 의사와 한의사의 AI 노출 지수는 상위 1퍼센트 수준이다. AI 기술로 수행할 수 있는 업무가 많으므로 대체될 가능성이 높다는 뜻이다. 한 IT 업계 관계자는 다음과 같이 말한다.[101]

"객관적인 판단과 기존 사례가 중요한 의료 분야에서 AI가 활용될 가능성이 크다. AI 기술을 가진 많은 기업이 의료 산업에 뛰어들 것이다."

왓슨의 놀라운 능력에 가장 크게 긴장하는 곳은 약사들이다. 한국고용정보원의 인공지능·로봇의 일자리 대체 가능성 조사에 따르면, 2025년에 사람을 대체할 가능성이 큰 직업 중 보건·의료 분야에서는 약사·한약사가 68.3퍼센트로 가장 높았다. 이어 간호사 66.2퍼센트, 일반 의사 54.8퍼센트, 치과 의사 47.5퍼센트, 한의사 45.2퍼센트가 대체될 것이라 전망했고, 전문의가 가장 낮은 42.5퍼센트였다.

물론 인공지능 때문에 의사의 역할이 완전히 사라지지는 않는다. 인공지능이 내놓은 치료법들 중에서 무엇을 실행할지 최종적으로 판단하는 것은 인간 의사의 몫이다. 인공지능 의사가 전면적으로 의사 역할을 대체하는 것은 기술적으로나 윤리적으로 불가능하다.

그러므로 의료 분야에서 AI가 대거 등장한다고 해도 인간과의 대결 구도가 아니라 협력 구도로 생각해야 한다는 지적이 많다. AI가 인간 의사의 역할을 대체한다기보다 인간과 능력을 합치면 큰 시너지 효과를 볼 수 있다는 것이다. 인공지능의 등장에 걱정보다 변화에 발 맞춰 새로운 관계를 구축해야 한다는 주장이다.[102]

제약 업계에서 가장 관심을 기울이는 것은 AI를 활용한 신약 개발이다. 임상시험을 통한 의약품 개발에는 막대한 시간과 비용이 소요된다. 그런데 AI 기술은 신약 개발 사전 조사, 임상시험 단계, 제조 단계, 인허가 결정, 약물 감시 등의 단계에서 약물 개발 프로세스를 획기적으로 단축하고 비용 효율성을 높이는 데 기여한다. 항감염제 등 약물 개발에도 활용할 수 있다.[103)

MIT의 제임스 콜 박사는 AI의 기계학습 알고리즘을 활용하면 병원성 박테리아를 사멸할 항생제를 개발할 수 있다고 밝혔다. AI가 방대한 데이터를 분석해 저분자, 단백질 등의 구조를 파악한 뒤 이를 모델링하면 그 정보를 약물 개발에 활용할 수 있다는 것이다.[104) 또한 신약 개발 과정에 AI를 활용하면 약물 발굴 시간을 15배나 단축할 수 있고, 신약 개발 비용을 최대 70퍼센트까지 절감할 수 있다고 알려진다. 특히 AI의 광범위한 활용을 통해 2030년 이전에 미국 의료와 행정 비용 전반에 관한 지출의 5~10퍼센트(연간 약 2000억~3600억 달러)를 절감할 수 있을 것으로 전망했다.

인공지능, 기계학습ML, 심층학습DL과 같은 기술들은 예방, 진단, 처방 등 복잡하고 고도의 전문성이 요구되는 의료 영역에서부터 개인의 건강관리에 이르기까지 다양한 분야에서 광범위하게 활용되고 있다. 이 중에서 급속도로 성장하고 있는 분야는 헬스케어 분야다. 전문가들이 전 세계 AI 헬스케어 시장 규모가 2030년에 1879억 5000만 달러를 넘어설 것으로 추정할 정도로 급성장하고 있다.

2008년에 설립된 눔Noom은 인공지능 기반의 건강관리 휴먼 코칭 서비스를 제공하는데, 전 세계적으로 누적 이용자 수가 5000

만 명에 달한다. 음식 단위 데이터베이스 370만 개, 건강한 레시피 수천 개와 체중, 운동, 혈압, 임상 정보 기록 기능 등을 바탕으로 비만, 제2형 당뇨병, 고혈압 등 다양한 질환을 관리하고, 개인의 건강 상태에 맞춤화된 프로그램을 제공한다. 헬스케어 시장도 만만치 않아 2030년에는 711억 달러에 이를 것으로 예측되므로 빅테크들이 잠자코 있을 상황이 아니다.[105]

빅테크들의 정보관리 시스템을 보완하면 의사 한 명이 인공지능 로봇 여러 대를 동시에 조정할 수 있다. 복잡한 수술은 각국의 첨단 의료진이 참여해 인터넷으로 공유하며 수술할 수도 있다. 현재는 의료 AI 가격이 고가이지만 대량생산으로 바뀌면 대중적 전자기기처럼 가전제품으로 설치가 가능한 시대가 온다.

미래교육자인 강충인 박사는 핸드폰과 연계되어 1인 치료 로봇이 가전제품처럼 구매하는 시대가 머지않았다고 전망한다. 헬스케어는 이미 일반화되었으며, 건강케어로 병원에 가기 전에 건강관리 시스템을 체크하는 것은 기본이다. 초기 검진에서 일반적 처방전까지 인터넷망으로 처리될 수 있기 때문이다.[106]

강충인은 인터넷 의료 시스템에 다음과 같이 말했다.

> "인터넷 의료 시스템은 아주 먼 미래가 아니다. 인공지능 로봇 치료 시스템은 동시에 많은 환자를 검진할 수 있다. 1:1의 치료 시스템이 아니다. 따라서 의료 대란이라는 단어가 사라진다."

사실 인공지능의 등장으로 일부 의료 시장이 크게 줄어든 것은 사실이다. 웨어러블wearable(몸에 착용하는 전자 기기)의 발달로 심박수, 혈압, 체온 등을 측정하는 센서가 생체 정보를 수집할 수 있고, 이들 생체 정보를 빅데이터를 활용하는 AI 의사가 간단하게 조언해 주기 때문이다. 특히 AI 의사가 병에 걸리기 전부터 건강정보를 알려주는 예방의학이 일반화되면 병원을 찾는 환자가 줄어들게 마련이다.

이에 AI의 능력은 계속 전진하므로 향후 인간 의사들은 AI 의사에 대항할 수 있는 고도의 연구 영역을 담당하고, 일반 영역은 인공지능에게 자리를 양보할 수밖에 없다는 전망이 나온다.[107]

1-7
스포츠와 엔터테인먼트

스포츠에서도 사라질 일자리가 생긴다. 2017년 9월 19일 세계남자프로테니스협회ATP는 전자 판독 시스템 '호크아이Hawk-Eye'가 앞으로 선심 대신 모든 샷을 판정할 예정이라고 밝혔다. 전통을 강조하고 가장 보수적인 스포츠로 불리는 테니스는 이전에는 주심 한 명과

로봇 심판이 도입되면
인간 심판은 일자리를
빼앗기게 된다.

아홉 명의 선심이 경기에 배치됐다. 선수보다 심판이 많은 몇 안 되
는 종목이다.[108]

　'로봇 심판'이 전면 도입되면 열 명의 심판 중 아홉 명이 졸지
에 일자리를 빼앗기는 상황이 된다. 호크아이는 코트 천장 곳곳에
설치된 10~14대의 초고속 카메라가 공의 궤적을 촬영해 떨어진 지
점을 보여주는데, 호크아이의 오차 범위는 3밀리미터 이내이다. 인
간 심판보다 정확할 수밖에 없다.

　스포츠계에서 꾸준히 제기돼 왔던 '로봇 심판의 인간 일자리
위협'이 현실이 된 사례이다. 축구, 야구 등에서도 비디오 판독 기술
이 넓게 적용되는 추세이다. 심판을 완전히 배제하고 로봇 심판만으
로 판정한 건 테니스가 처음이지만, 축구의 오프사이드 판정과 배구
의 라인 아웃 여부도 그동안 많은 문제점을 일으켜 대안이 필요하다

는 주장이었는데 그 대안이 바로 로봇 심판이다.

프로야구 KBO 리그는 2024 시즌부터 한국, 미국, 일본 프로야구 1군 리그 최초로 자동 투구 판정 시스템ABS, Automatic Ball-Strike System을 도입했다.[109] 카메라로 공 궤적을 추적해 판정을 내린 뒤 인간 심판에게 전달하는 방식이다. 1루와 3루, 외야 중앙 쪽에 설치된 카메라 세 대가 타자별 스트라이크 존을 설정하고, 투수의 공 궤적을 추적해 실시간으로 위치 값을 전송하면 컴퓨터가 볼·스트라이크 판정을 내린다. 그 결과를 주심이 이어폰 수신 장비를 통해 전달받는다. 주심은 이를 수신호와 콜로 선수들에게 알린다.

야구 규칙상 스트라이크 존은 홈플레이트 상공에서 '어깨 윗부분과 바지 윗부분 중간의 수평선'을 상한선으로, '무릎 아랫부분'을 하한선으로 정한다. 타격 자세를 취한 타자가 기준이다. 그 전에는 심판들이 각자 눈과 감으로 판정해왔는데, 이를 ABS의 도움을 받는 것이다.

ABS 판정 결과는 최종적이며 이의 제기나 항의를 할 수 없다. 시스템 오류 가능성이 명백히 의심되는 경우에는 감독이 심판에게 확인을 요청할 수 있다. 기계가 정상적으로 운영된다면 심판은 ABS 판정에 따라야 한다. 약간의 논란이 있었지만 염경엽 LG 감독은 ABS 자체는 형평성이나 공정성에서 심판들보다 낫다고 평가했다.[110] 꺾이지 않는 AI라는 말은 인간에게는 악몽이라는 뜻과 다름없다. AI의 중요성과 역할이 감소되는 것이 아니라 계속 상향 곡선을 긋고 있다는 뜻이다. 이는 일자리에 커다란 영향을 미친다는 뜻이다.

그렇다고 AI가 프로 경기에서 심판 노릇만 하는 것은 아니다. 현재 프로야구 선수들은 피칭 머신을 상대로 타격 연습을 한다. 만약 피칭 머신이 없다면 시속 150~160킬로미터로 다양한 공을 던져줄 파트너를 구하느라 고생했을 것이다. 상대가 있는 스포츠 종목 선수는 훈련 파트너가 꼭 필요하다. 인간 훈련 파트너는 점점 사라지고 로봇 파트너로 대체되고 있다. 현재 다양한 분야에서 로봇 파트너가 활동 중이다.

배드민턴 로봇은 HD 카메라 두 대를 이용해 사람이 친 셔틀콕의 궤적을 실시간으로 분석하고 대응한다. 진화에 진화를 거듭한 탁구 코칭 로봇은 기네스 세계 기록 인증을 받기도 했다. 이 로봇은 탁구 선수의 공 궤도를 실시간으로 측정해 정확하게 반격한다. 로봇은 볼의 스매싱과 드라이브, 커트를 능숙하게 받아낸다.[111]

인간과 로봇이 대결하기도 한다. 2016년 12월 골프 로봇 엘드릭LDRIC은 PGA 투어에서 다섯 번의 티샷 만에 홀인원을 기록했다. 프로 골프 선수의 홀인원 확률 약 3000분의 1보다 무려 600배나 높은 기록이었다. 엘드릭이 프로 선수와 동등한 자격으로 시합에 참가하면 현재 기록은 모두 갈아치울 수 있을 것으로 보인다. 세계적인 축구 스타 리오넬 메시는 2013년 로봇 골키퍼와 승부를 벌였는데, 로봇 골키퍼는 메시의 슈팅을 세 번 중 두 번 막아냈다.

미국의 다트머스대학교는 '텔레프레즌스' 로봇을 미식축구팀의 건강관리에 활용하고 있다. 미식축구는 과격한 태클과 충돌로 부상의 위험이 크다. 미국 신경외과학회가 대학 미식축구 선수 3분의 1 이상이 적어도 한 번은 뇌진탕을 경험했다고 보고했을 정도다. 텔레

프레즌스 로봇은 뇌전문의에게 선수들의 경기 상황이나 연습 상황을 보여주고 선수들의 상태를 체크한다. 의사는 이 정보를 기초로 트레이너에게 건강 상태를 알려주어 훈련과 경기에 참고하도록 한다.

메이저리그 일부 타자들이 사용하는 스마트 배트는 스윙의 속도, 궤적, 각도 등을 분석해주는 장비다. 골프, 소프트볼, 테니스에도 같은 기술을 적용한 제품을 사용하고 있다. 이처럼 스포츠에서 인공지능이 활약할 분야는 무궁무진하다.

인공지능의 등장은 여러 분야에서 회오리바람을 일으켰는데, 엔터테인먼트 분야도 예외는 아니다. 2023년 5월 네이버 웹툰 신작 〈신과 함께 돌아온 기사왕님〉이 생성형 AI로 제작됐다는 의혹에 휩싸이며 파장을 키웠다. 작품에 생성형 AI가 상당 부분 관여했다는 의혹으로, 인물의 손가락 부분이 어색하며 마블 스튜디오 캐릭터와 똑같은 얼굴의 인물이 등장한다는 것이다.

이에 웹툰을 제작한 블루라인 스튜디오 측은 AI를 이용해 생성된 이미지를 사용한 것이 아니라고 해명했다. 기본적으로 사람이 그렸고, 3차원3D 모델과 각종 소재들을 사용하면서 웹툰에서 느껴지는 위화감을 줄이기 위해 작업의 마지막 단계에서 AI를 이용해 보정 작업을 한 것은 사실이지만 웹툰 자체를 AI로 만든 것은 아니라고 밝혔다. 이후 모든 원고를 AI 보정 없이 연재하겠다고 말했지만 독자들의 반응은 싸늘했다.

생성용 AI가 만든 창작물에 대한 논란은 AI로 그린 웹소설 표지로도 비화되었다. 한 웹소설의 표지를 두고 유명 일러스트레이터가 '내 그림을 학습한 AI로 생성한 그림'이라고 주장했다. 일부 독자들도 화풍이 비슷하다는 의견을 보태자, 웹소설을 출간한 출판사는 곧 해명문을 게재하고 해당 웹소설의 연재를 중단했다.

이 문제를 두고는 의견이 완전히 갈렸다. 한쪽에서는 웹소설은 생성형 AI 서비스를 이용한 그림을 상업적으로 이용할 수 있어야 한다고 주장했다. 반면에 웹소설 표지의 특성상 AI가 기존 표지를 학습하여 제공한다는 것을 감안하면 결국 표절을 하겠다는 의미라고 반박하는 주장도 있다. 생성형 AI의 상당 부분이 다른 일러스트레이터들의 자료를 마음대로 학습해서 나온 결과물일 가능성이 높다. 그래서 이를 '도둑질'이라고 지적하기도 한다.

하지만 반론도 만만치 않다. AI를 적극 활용하자는 입장이다.

> "AI를 활용해 작가들이 10시간 걸릴 업무량을 단축할 수 있고, 아이디어는 있는데 그림 실력이 부족한 경우 큰 도움을 받을 수 있기 때문이다. 웹툰 업계 관계자는 'AI는 퀄리티를 높일 수 있는 좋은 도구가 될 수 있다'며 '창작 플랫폼에서 AI에 대한 교육을 진행하는 등 현명하게 사용할 수 있는 방법도 고민해야 한다'고 강조했다."[112]

AI를 현명하게 사용하는 것은 전적으로 사용자의 능력에 달렸다는 뜻이다. 문제는 앞으로 계속 이런 논란이 이어질 수밖에 없다는 점이다. 일러스트 표지 한 분야만 보더라도 영세한 출판사나 초보 작가의 경우 일러스트 표지에 드는 비용이 만만치 않으므로 AI가 생성한 표지에 매력을 느끼지 않을 수 없다는 것이다.

미술 외에도 소설, 동영상, 음악, 디자인 등 창의적인 분야 전반에 인공지능의 도입이 확대되는 추세로 생성 AI가 텍스트를 넘어 이미지나 오디오로 활용 범위를 확장시킬 수 있기 때문이다. 기존의 AI가 단순·반복 노동을 줄이는 데 기여하는 것을 기본으로 했지만 생성 AI는 인간 고유 영역으로 여겨졌던 예술 작업이나 창작에 영향을 미치고 있다.[113]

구글도 만들고 싶은 음악을 설명하면 음악으로 만들어주는 생성 AI '뮤직LM'을 발표했다. 예를 들어 새벽과 어울리는 1970년대식 재즈 음악을 만들어달라고 요청하면 이를 반영한 음악을 만들어준다. 학자들은 머지않아 생성 AI로 드라마나 영화를 제작할 것이라고 전망하기도 한다. 실제로 메타와 구글은 동영상 생성 AI를 활용해 수초에서 1분 안팎의 짧은 영상을 만들었다. 이들 기술이 보다 업그레이드되면 대본을 컴퓨터에 입력하는 것만으로 영화를 만들 수 있을 것이라는 추정이다.

한국에서 사라지는 일자리

앞에서 설명한 예에서 보듯 인공지능의 등장으로 수많은 일자리가 사라질 것으로 보인다. 세계적으로 사라지는 일자리에 대해 촉각이 모여 있고, 수많은 전문가가 미래의 일자리에 대해 자신의 견해를 밝힌다. 그런데 세계적인 측면에서의 일자리와 한국의 상황에 따른 일자리는 다소 다른 면이 있다.

그렇다면 한국의 특성에 맞는 일자리는 어떻게 될까? 『장성투데이』의 백형모 기자가 꼽은 '사라지는 일자리'가 매우 흥미롭다.[114]

우선 건설노동자를 꼽았다. 세계적인 건설 국가인 한국이지만 공사판의 작업이 만만치 않다는 것을 모르는 사람은 없을 것이다. 단순 노동이 비교적 많은 공사판이므로 고되고 위험하기 짝이 없다. 이런 힘들고 위험 부담이 있는 작업을 AI가 담당한다는 것은 자연스러운 일이다. 현장 인원 상당수가 사라진다는 뜻이다.

다음으로 법률 종사자, 회계사 상당수가 사라질 것이라고 예상한다. 법조문을 들여다보며 직접 서류를 작성하는 시대는 갔다는 지적이다. 다소 앞선 전망이기는 하지만 2025년에는 법률 보조원의 업무 중 95퍼센트가 자동화돼 AI가 변호사를 대신해 법률 조언을 해주는 서비스가 제공될 것이라고 예측했다.

도서관 사서가 사라질 것이라는 지적도 했다. 책을 사거나 도서관에서 빌려 보는 시대가 지났다는 것은 잘 알려진 사실이다. 1990년대만 해도 국내에서 베스트셀러라면 최소한 100만 부 정도가 되어야 했는데, 현재는 10만 부도 감히 넘기지 못할 숫자로 여긴다. 컴퓨터 화면을 터치하는 것만으로 원하는 도서를 찾거나 열람하는 시대가 온다는 뜻이다.

　가장 큰 타격을 받는 직종으로 백형모 기자는 보험설계사를 꼽았다. 빅데이터로 나에 맞는 보험이 무엇인지 곧바로 알려주므로 보험설계사는 자연스럽게 줄어들 것이라 보았다. 언론사 기자도 줄어든다는 데 손을 들었다.

　『동아사이언스』의 한세희 기자는 2016년 3월 20일자 기사 「인공지능에 밀린 기자, 밥 먹고 살 수 있을까요?」에서 인공지능 AI의 여파에서 자유로울 수 있느냐를 언론사 기사를 기준으로 예리하게 분석했다. 데이터를 수집해 기사를 만들어내는 로봇 저널리즘은 이미 낯설지 않다.[115]

　한세희 기자에 따르면, 지진이 잦은 미국 서부 지역을 주 무대로 하는 『LA타임스』는 지진 발생 보도에 인공지능을 활용한다. 2014년 3월 17일 로스앤젤레스에서 진도 4.4의 지진이 발생했을 때 가장 먼저 보도 자료를 쓴 것은 사람 이아니라 인공지능 기자였다.

　미국 지리조사청USGS은 지진 관련 데이터를 수집해 경고를 발령하고 정형화된 데이터를 APIApplication Programming Interface를 통해 전달했다. 신문사의 퀘이크봇Quakebot은 이를 받아 기사를 작성하고 담당 기자에게 지진 발생 기사 준비가 끝났다는 메시지를 전달

한다. 퀘이크봇은 진도 3.0 이상의 지진이 발생하면 자동으로 작동,
API를 통해 불과 몇 초 만에 기사를 작성한다. 기자는 퀘이크봇의
기사를 확인하고 '발행' 단추만 누를 뿐이다. 『LA타임스』는 언론사
중 가장 빨리 지진 사실을 보도했는데, 지진이 일어난 지 단 8분만이
었다고 한다.

한국의 경제지 『파이낸셜뉴스』도 2016년부터 인공지능 소프
트웨어를 이용해 증권 시황 기사를 내고 있다. 로봇 기자는 기업의
분기 실적이 발표되면 매출이나 이익 증감률을 자동으로 계산하고
각 기업의 공시를 실시간으로 처리해 투자 의견을 정리한 기사를 송
고한다. 취합한 데이터 분석에 각종 변수를 반영하면 알고리즘 프로
그램에서 개별 기업의 가치와 성장성을 분석하고 평가해 저평가된
기업을 추천하기도 하고 투자자에게 도움이 되는 현재 정보를 제공
하기도 한다. 한세희 기자는 언론 분야에서 인공지능의 활약상을 다
음과 같이 적었다.

"우선 단순한 데이터를 바탕으로 건조하게 사실을 전하는
기사, 이른바 '스트레이트' 기사를 쓰는 기자에 대한 수요는 크
게 줄어들 것으로 보입니다. 기자들은 '스트레이트 기사는 기
사의 기본'이라며 초년병 시절부터 강하게 작성법을 훈련받습
니다만, 아무래도 기계보다 더 많이, 더 잘 쓰기는 쉽지 않을 듯
합니다.

스포츠, 증권, 기업 실적 등은 데이터가 정형화돼 있고, 충
분히 많이 쌓여 있을 뿐 아니라 기사 형식이 제한적이라 로봇

이 기사 쓰기 좋은 분야입니다. 현재는 스트레이트 기사 중심입니다만, 조금 시간이 지나면 보다 복잡한 기사도 자연스럽게 쓰게 될 것입니다.

결국 사람 기자는 이런 단순 기사 작성은 로봇에 맡기고 보다 깊이 있는 분석, 풍부한 스토리, 성찰과 감동이 담긴 이야기들을 찾고 만들어내는 일에 매진해야 살아남을 수 있을 것입니다. 자잘하고 비슷비슷한 보도자료 처리에 치여 정작 중요한 기사는 쓰지 못 하는 현대의 기자들에게 로봇은 오히려 좋은 보조 도구가 될 수 있을 것입니다.

하지만 그 단계에 이르기 전에 희생은 어쩔 수 없겠지요. 『시카고 트리뷴』은 저너틱과 제휴하며 기자 20명을 정리해고 했습니다. 『LA타임스』가 로봇 저널리즘에 관심 보이는 것도 인건비 부담 때문이라는 얘기도 있고요."[116]

톨게이트의 수금이 자동화와 하이패스화로 톨게이트 직원 상당수가 사라졌으며, 은행원은 물론 은행 지점 상당수가 사라진 것도 자동화 때문임은 물론이다. 한국처럼 부동산 중계, 즉 복덕방이 많은 곳이 거의 없다고 말하는데, 이는 부동산 거래가 활발하기 때문이다. 그러나 아무리 부동산 거래가 많다고 하더라도 부동산 앱 다방, 직방 등 중개 사이트를 이용하면 거래하기가 쉬워지니 복덕방을 찾을 이유가 없다.[117]

안경, 콘택트렌즈 기술자는 라섹 수술의 발달로 안경을 쓰는 수요자가 많이 줄어들고 있고, 호텔 데스크 직원은 이미 무인텔이 보편화되면서 뒤로 밀리며, 측량사와 지도 작성 기술자는 구글지도의 발달로 집안에서 설계가 가능해지므로 위험군에 속하는 것은 물론이다.[118]

지능형 AI의 등장으로 인한 쇼크를 단적으로 보여주는 것은 대학교에서의 어문학과에 부는 찬바람이다. 상당수 지방 사립대학교에서 독문과, 불문과 신입생을 뽑지 않는다. 사회 변화와 학생 수요에 맞게 학과 정원을 조정할 수밖에 없다.

외국어 관련 학과들이 큰 타격을 받는 이유는 인공지능으로 '어학 전문가' 수요가 급격히 떨어지기 때문이다. 특히 어학의 필요성은 통역과 번역 등에 크게 의존하는데, 인공지능이 실시간 통·번역을 제공하는 상황에서 굳이 언어를 배우고 통·번역을 해야 하느냐는 본질적인 의문이 제기되는 것도 한 요인이다.

통·번역이 가능한 언어 전문가 수요가 급감하자 외국어를 전공하려는 학생들은 갈 곳이 없다. 당연히 학교는 학생 지원자도 많지 않으므로 외국어 학과 대신 취업이 잘 되는 첨단 기술 학과 등으로 바꾸려고 한다.

한국에서 가장 많은 외국어(45개)를 가르치는 한국외국어대학교의 경우 2023년에 이어 2024년에도 용인 캠퍼스의 영어·중국어·일본어·태국어 통번역학과 등 13개 학과의 신입생 모집을 중단했다. 대신 외국어와 인공지능·빅데이터를 융합한 'AI융합대학' 등을 만들었다. 사라지는 일자리가 산업에만 관련되지 않는다는 것을 주목할 필요가 있다.[119]

사라지는 일자리 정리

사라지는 일자리로 문과계인 금융, 법률 등과 이과 분야인 의료 등을 설명했지만 이들은 하나의 예에 지나지 않는다. 사실 인공지능이 본격적으로 인간들의 시장을 잠식하자 미래의 공장을 운영하기 위해서는 사람 한 명과 개 한 마리만 있으면 된다는 농담이 있을 정도다. 개는 공장 업무를 방해하려는 감시자로 필요하고, 사람은 개를 키우기 위해 필요하다는 뜻이다. 정작 이 농담은 4차 산업혁명의 AI가 소프트웨어뿐만 아니라 산업 분야에 엄청난 변화를 초래한다는 것을 의미한다. 그러므로 미래를 설계하기 위해서는 AI가 미치는 영향을 파악하는 것이 매우 중요하다.

『한국일보』와 KRC리서치가 미국, 영국, 캐나다, 중국, 브라질 5개국의 소비자 2100명을 대상으로 설문조사를 했는데, 응답자의 3분의 2 이상이 인공지능에 믿고 맡길 일로 투약 알림, 여행 길 안내, 오락, 맞춤형 뉴스 찾기, 육체노동을 꼽았다. 인공지능이 사람들의 일상생활 속에서 활약할 수 있는 범위는 예상보다 넓다.

세계경제포럼은 2016년 인공지능으로 향후 5년간 약 510만 개의 일자리가 사라질 것으로 전망했다. 세계경제포럼이 발간한 「일자리의 미래」 보고서에 따르면, 일자리 200만 개가 새로 생기지만, 대신 710만 개가 사라진다고 한다. 구글이 선정한 미래학 분야 최고의 석학인 토머스 프레이는 2012년 터키에서 열린 TED 강연에서 2030년까지 지구상에 존재하는 직업의 약 50퍼센트가 사라질 것이라 전망했다.[120]

인간을 대체하는 산업용 로봇.

　사라질 것으로 예상되는 직업 분야를 구체적으로 살펴보면, 화이트칼라 사무직이 476만 개로 전체의 67퍼센트를 차지했다. 제조업이 161만 개로 22.6퍼센트를 차지하며 뒤를 이었고, 건설·채광 분야가 50만 개로 7퍼센트, 미술·디자인·엔터테인먼트·스포츠·미디어 분야가 15만 개로 2.1퍼센트, 법률 분야가 11만 개로 1.5퍼센트 순이었다. 손재주나 협상이 필요한 일을 제외한 상당수 직업이 사라진다는 것이다.

　경영 컨설팅 회사인 맥킨지 앤드 컴퍼니McKinsey & Company는 2025년에 산업용 로봇이 4000만~7500만 개 일자리를 대체한다고 밝혔다. 반면에 지능형 알고리즘은 1억 1000만~1억 4000만 개 정도의 일자리를 대체할 것이라고 했다.[121]

　또한 2030년까지 세계 노동자 가운데 최대 8억 명이 일자리를 잃을 것이라는 추산했다. 이 숫자는 지구 인구를 80억 명으로 하고 직업 인구를 절반으로 설정했을 때, 직업 인구의 5분의 1에 해당하는 인력이 일자리를 잃는다는 다소 충격적인 내용이다. 물론 자동화에 투자할 여력이 없는 인도 등의 국가는 영향이 한 자릿수에 그칠 것이라고 밝혔다.[122]

『하버드 비즈니스 리뷰Harvard Business Review』는 기존의 여러 직업이 '보편적인 절차를 거쳐 코드화하거나 일정 형식을 갖춘 데이터를 기반으로 판단하는 업무'이므로 인공지능 시스템이 인간보다 더 유능할 수 있다고 평가했다. 지금이라도 일부 지식 기반 업무가 로봇의 부상과 함께 대체될 수 있다는 걸 인정해야 한다는 주장이다.

미국의 조지메이슨대학교 타일러 카우언 교수는 인공지능의 등장을 경제적인 측면에서 분석했다. 그는 인공지능 로봇 등의 등장으로 중간층이 사라지고 격차가 더욱 커지는 사회, 즉 초超격차 사회가 올 것이라고 전망했다. 카우언은 기계가 사람과 함께 활동하는 예시로 프리 스타일 체스를 들었다. 프리 스타일 체스는 사람과 기계가 한 팀을 이루어 경기하는데, 가장 좋은 기계를 가진 사람이 이기는 것이 아니라 가장 잘 사용하는 사람이 이기는 게임이다. 카우언은 프리 스타일 체스야말로 미래 세계에서 현명한 기계와 함께 일하기 위한 전략을 이해하는 단서라고 설명한다.

인간의 일하는 방식이 바뀌면 기업 경영도 바뀌고 경제와 사회상도 변한다. 앞으로 사람이 반드시 전문가일 필요는 없다. 오히려 자신의 한계를 알고 기계의 결정에 몸을 맡기는 겸손과 담력이 필요하다는 말이다.

4차 산업혁명 시대에 전문가들은 학교의 종말, 즉 '전인교육' 시대에 주목해야 한다고 말한다. 토머스 프레이는 2030년 세계 대학의 절반이 사라질 것이라고 예측했다. 지식의 반감기가 매우 짧아져 대학이 산업의 수요를 따라갈 수 없는 데다가 대학 졸업장이 과거처럼 좋은 일자리를 보장하는 것도 아니기 때문이다.

사실 전통적인 대학은 이미 무너지기 시작했다. 2012년 개교한 미네르바대학교는 2017년 신입생 210명 모집에 2만 명이 넘게 지원했다. 이 학교의 특징은 모든 교육이 온라인 강의와 토론으로 이뤄지는데, 교수의 일방적인 수업이 아니라 스스로 지식을 탐구하고 협업을 통해 문제 해결 능력을 키운다. 학생들은 4년 동안 7개국에 위치한 캠퍼스를 돌며 그 나라의 문화를 배우고 세계 시민으로서의 감수성을 키운다.[123]

초중고교의 교육 방식도 새롭게 변화되지 않을 수 없다. 앨빈 토플러는 『부의 미래』라는 책에서 현대의 학교 체제를 산업화 시대의 노동력을 양성하는 곳으로 묘사했다. 단일화·표준화·대량화라는 산업 사회의 가치를 실현하기 위해 학교 체제가 최적화돼 있다는 것이다. 쉽게 말해 기업이 필요로 하는 훈련된 노동력을 공급하는 게 학교의 최대 목표 중 하나였다는 것이다.

토플러는 4차 산업혁명 시대에는 주입식이 아니라 전인교육이 보다 중요해진다고 예상한다. 19~20세기 산업화 시대에 인간이 해야 했던 노동의 대부분을 AI가 대체한다면 현재와 같은 학교 체제는 사라질 수밖에 없다는 것이다. 이것은 AI와 대비되는 인간만의 고유한 특성을 찾는 교육이 필요하다는 것이다. 얼마나 많은 새로운 분

야의 일자리가 태어날지 이해할 것이다.[124]

일자리 문제로 세계인들에게 많은 주목을 받은 것은 옥스퍼드 대학교가 2013년 발표한 「고용의 미래」라는 보고서이다. 이 보고서는 컴퓨터화 속도와 노동자의 임금 등을 종합해 702개 직업에 대해 인공지능 등으로 대체될 순위를 매겼다. 이 보고서는 인력이 인공지능으로 대체될 가능성을 0에서 1 사이의 숫자로 표시했는데, 1에 가까운 직업일수록 20년 이내에 사라질 가능성이 크다. 텔레마케터, 보험 업계 종사자, 시계 수리공 등은 0.99로 '인공지능에 내줄 일자리' 1순위로 분류되었다. 인공지능 로봇으로 대체될 가능성이 90퍼센트가 넘는 직종은 총 51개에 이른다.

로봇의 대체도가 높은 분야는 주로 육체노동이다. 육체노동이라고 하면 특별한 훈련이나 기술이 필요하지 않고 몸의 힘으로 일하는 사람을 생각하기 쉽지만, 반드시 그런 것만은 아니다. 몸으로 조작하거나 물질적인 산물을 만들어내는 활동은 모두 육체노동에 해당한다. 이를테면 방사선과 의사나 작곡가는 육체노동자가 아니지만, 외과 의사나 악기 연주자는 육체노동자로 볼 수 있다.

시계 수리공을 비롯해 다양한 분야의 기계공, 은행 창구 직원, 데이터 입력이나 중개 업무를 하는 직원, 사내 전화 교환원, 영사기사, 은행의 현금 출납 직원, 농장에서 일하는 인부, 호텔 접수원, 카지노에서 일하는 딜러, 우편집배원, 전기·전자 장비 조립 기술자, 지도 제작자, 인쇄업자 등이 곧 사라질 육체노동자로 꼽혔다.

인공지능, 즉 로봇 자동화에 가장 공격적인 투자를 하고 있는 기업은 단연 아마존이다. 아마존은 2017년 7만 5000대의 로봇을 새로 도입했는데도 전체 인력을 40퍼센트 증가하더니, 2022년 전체 직원 수가 무려 150만 명이나 됐다. 물론 이는 잘나가는 아마존에 관한 이야기로, 아마존과 경쟁 관계에 있는 소매 업체들의 고용 인력은 감소했다. 2009년 이후 소매 산업계에서 고용 인력이 감소하는 것은 처음이었다.[125)]

사실 이 문제는 각 분야에 따라 다르다. 도이치은행의 전 최고경영자CEO 존 크라이언은 재직 당시인 2017년 9만 7000명의 직원을 고용하고 있었지만, 앞으로 머신러닝과 기계화를 통해 절반까지 줄일 수 있을 것으로 예상했다. 그의 말이 상당히 주목받은 것은 도이치은행이 2015년 구조조정 계획의 일환으로 약 4000개 일자리를 삭감했기 때문이다. 이러한 인력 조정에도 업무가 차질이 없는 것은 기술이 이를 커버했기 때문이다. 거의 절반에 달하는 인원을 감축할 수 있었던 것도 인공지능의 기술 개발이 바탕이 되었다.

많은 로봇을 채용하고 있는 공장이나 사무실에서 일하는 노동자들도 이미 로봇을 동료로 받아들이는 분위기다. 코봇이라 불리는 협업 로봇은 이미 많은 공장과 작업장에 확산됐으며, 노동자들은 거리낌 없이 이들 로봇을 만지며 함께 일하기 때문이다. 로봇이 자신의 일을 도와주므로 고맙다고 이야기하는 노동자들도 적지 않다. 자신들의 일자리를 빼앗아갈 수 있다는 우려에도 불구하고 실제 업무 현장에서는 자연스럽게 파트너로 받아들이고 있는 것이다.[126)]

2
사라지지 않는 일자리

10여 년간 바둑의 세계 최고 고수로 자리매김한 이세돌 9단을 인공지능 알파고가 격파할 수 있었던 힘은 예측에 있다. 수읽기 예측 싸움에서 인공지능이 승리한 것이다. 역사를 보면 인간의 기술이 발전할수록 한 가지 공통된 결과가 나온다. 앞날을 예측하는 기술과 힘이 경쟁에서 승리한다는 것이다. IBM의 건강관리 인공지능 왓슨이 두각을 나타내는 것은 암을 예측하는 능력에서 인간을 앞서는 등 여러 가지 능력을 보여주기 때문이다.

기업이나 정부의 경쟁력도 예측력에 달려 있다. 기업의 경우 좀 더 빨리 소비자의 변화를 예측하면 그만큼 업그레이드된 고객 서비스가 가능하다. 예측이란 미지의 세계를 좀 더 빨리 파악하기 위해서 인간의 머리를 전적으로 활용한다는 뜻으로 볼 수 있다.

세계 최대의 쇼핑몰 기업으로 성장한 아마존은 엄청난 면적의 창고를 갖고 있는데, 미국 내 어떤 곳에서 주문해도 24시간 내에 배달한다는 것이 기본이다. 아마존은 우선 고객이 어떤 물품을 주문할지를 찾아내는 예측 시스템을 가동한다. 알래스카에서 주문할 것을 사전에 예측해 24시간 내에 배달할 수 있도록 준비한다는 뜻인데, 사전 주문이 예상되는 물품들은 미국 각지의 하늘에 떠 있는 비행선 창고에 비치되어 주문이 오면 곧바로 드론 등으로 배달한다.[127]

2-1

학습 효과

4차 산업혁명이라고 말하는 것은 1차, 2차, 3차를 거쳐 4차 단계에 들어섰다는 것이다. 산업혁명이라고 이름 붙은 것은 그동안 수많은 우여곡절을 겪으면서 현대에 접목된 것도 있고 사라졌다는 것을 의미한다. 한마디로 일자리가 요동쳤다는 뜻이다.

　　그러나 인간의 근본을 볼 때 첨단 과학기술로 제반 상황이 변한다고 하더라도 인간이라는 속성 자체가 사라지지는 않는다. 첨단 과학이라지만 인간의, 인간에 의한, 인간을 위한 기본 일자리는 항상 존재해야 한다는 것을 의미한다.[128] 이 말은 4차 산업혁명의 와중에 일자리 상당수가 사라지기는 하지만, 일자리가 마냥 사라지는 것은 아니므로 적절한 대책을 세우면 슬기롭게 문제를 해결할 수 있다는 뜻이다. 이런 전망이 나오는 것은 과거에도 비슷한 전력이 있었기 때문이다.

19세기 초반 1차 산업혁명으로 기계가 인간의 노동력을 대체하기 시작했다. 일자리를 잃은 영국 노동자들은 러다이트 운동luddite movement을 일으켜 기계를 파괴했다. 하지만 기계가 근대 문명으로 정착하는 것을 막지 못했다.

러다이트 운동의 개요는 간단하다. 영국은 모직물 산업이 발달했다. 그런데 인도에서 값이 싸고 사용하기 편리한 면직물이 수입되자 영국에서도 면직물 공업이 발달하기 시작했다. 마침 면직물을 더 빠르고 많이 생산할 수 있는 방적기와 방직기가 차례로 발명되었다. 증기의 힘으로 동력을 공급하는 증기 기관이 방직기와 결합하자 영국의 면직물 생산은 폭발적으로 증가했다.

방직기가 등장하기 전에는 수많은 숙련 수공업자가 옷감을 만들었다. 하지만 공장에서 방직기로 값싼 면직물을 대량으로 생산하자 수공업자들은 실업자가 되거나 공장 노동자가 되어야 했다. 당시 공장은 임금이 적고 근로 조건도 너무 열악해 많은 사람이 불만을 품었다. 그러던 중 1806년 나폴레옹이 대륙봉쇄령을 발표하자 더 갈 자리가 없다고 생각한 노동자들이 폭발했다.

러다이트란 이름은 네드 러드라는 인물이 나타나 조직적으로 운동을 전개해서 붙었다고 알려졌다. 하지만 러드는 실제로 존재한 인물이 아니라 비밀조직에서 만들어낸 가공의 인물이다. 이 운동은 비밀결사의 형식을 취해 가입자들에게 조직에 대한 충성을 선서하게 했고, 야간에는 얼굴에 복면을 하고 무장 훈련과 파괴 활동을 벌였다.

러다이트 운동이 중요한 것은 기계로 노동력이 대체되면서 사회가 어떻게 달라지는지를 잘 보여주었기 때문이다. 당시에는 기계가 사람의 일을 대신하자 경제 불황, 고용 감소, 실업 증가가 이어졌고 물가도 폭등했다. 노동자들은 이런 현상을 초래한 기계를 파괴한 것이다.

그러나 러다이트 운동은 운이 나빴다. 당대 유럽 정세를 잘못 판단했다. 당시는 프랑스 혁명(1789~1799년)이 일어난 지 얼마 되지 않았고, 나폴레옹 전쟁(1803~1815년) 와중이었다. 영국 정부는 러다이트 운동이 정부에 저항하는 운동으로 변질될 것을 우려해 강하게 진압했다. 마침 사회, 경제적인 상황이 호전되자 러다이트 운동은 크게 확대되지 않고 바로 진압되었다.[129]

그러나 러다이트 운동이 크게 번지지 못한 근본적인 요인은 외적인 요인보다 내적인 면에도 기인한다. 기계가 단순노동력 자체는 잠식했지만 인간의 근본적인 일자리를 빼앗은 것은 아니었기 때문이다. 기계가 등장해 상품 생산이 폭발적으로 증가하자 생산직 직원들의 직장이 사라진 것은 사실이다. 하지만 이들을 관리하고 수리, 보수하는 새로운 일자리가 창출되어 일자리 소멸이라는 명제가 큰 힘을 받지 못했기 때문이다.

한국에서 이런 예로 들 수 있는 것이 주판의 소멸이다. 전자계산기나 컴퓨터가 등장하기 전만 해도 주판 실력은 취업을 위한 중요한 기술이었다. 각지에서 주산 대회가 열렸으며 주판 고수가 계산기와 대결에서 이겼다는 기사가 나오기도 했다.

"'주산 최고수 탄생', '여고 1년생 주산왕 등극'. 지난 1979년 우리나라 최초로 이정희 양(당시 서울 동구여상 1학년)이 주산 공인 11단 자격(한국사무능력개발원 주관)을 취득하자 매스컴을 통해 전국이 떠들썩했다. 그때까지 10단을 보유한 고수들이 있었지만 11단은 처음이었다. 그 이후 지금껏 11단은 전무후무한 기록으로 남아 있다.

당시 국내외에서 개최된 각종 주산대회를 석권하면서 '주산왕'의 칭호를 얻은 그는 1979년 기자들이 지켜보는 가운데 전자계산기와의 시합에서도 승리를 거두어 단연 화제의 인물이 되었다."[130]

하지만 몇십 년 사이에 주판은 취업 전선에서 완전히 사라졌다. 최근 주산이 수학 학습에 도움이 된다고 알려져 주산 학원이 재등장하기는 했다. 하지만 주판이 뭐냐고 묻는 사람이 상당수 있음은 물론이다.

전자계산기에 이어 컴퓨터가 대중화되었을 때도 앞으로 인간 일자리의 상당 영역을 컴퓨터가 차지할 것이라고 예상했다. 컴퓨터가 등장한 뒤 단순 일자리가 줄어들고 고급 일자리만 약간 늘어 결국 일자리 생태계가 파괴될 것이라고 우려했다. 하지만 이러한 기우는 완전히 사라졌다. 컴퓨터 등장 후 고급 일자리가 증가한 것은 사실이지만 단순 일자리도 줄어들지 않았다. 컴퓨터가 보급되면서 컴퓨터 수리를 비롯해 컴퓨터 시장이 폭발적으로 증가했기 때문이다.

인공지능 AI의 경우도 마찬가지다. 산업체에 수많은 로봇이 배치되어 인간의 단순 작업은 사라졌다. 하지만 로봇들을 감독하는 작업까지 기계가 할 수 있는 것은 아니다. 현재 자동차 업계에 수많은 로봇이 동원되고 있지만, 이들이 고장 났을 때는 수리할 사람이 필요하다.

결국 인공지능은 인간의 보조로 인간 생활에 깊숙이 투입될 것이다. 하지만 인간 생활에는 AI가 침투하기 어려운 분야가 있는 것도 사실이다. 인공지능이 대체하지 못하고 반드시 인간이 개입해야 하는 분야이다.

2-2
사라지지 않는 일자리

인공지능으로 사라지지 않는 일자리는 사실상 사라지는 일자리와 연계된다. 제2차 세계대전 중 암호를 풀기 위해 '콜로서스'가 태어나 컴퓨터 시대가 열렸는데, 이를 감안하면 인공지능은 아직 100년도 지나지 않았다. 현재 컴퓨터를 비롯한 부수 장치들로 생겨난 수많은 일자리가 세계 도처에 자리 잡고 있다. 이는 100여 년 전에는 단 하나의 일자리도 없었던 분야이다.

온라인으로 대학 교육을 받는 환경이 된 지는 오래이다. 지금은 대학 교수가 아니더라도 온라인 강의와 관련된 수많은 직업이 새로 생겼다. 폭발적으로 활용되는 소셜 미디어 마케팅도 예상치 못한 직업이다. 100여 년 전에 현대와 같은 컴퓨터 세상이 되리라고 예측한 사람은 거의 없었다.

학자들이 가장 곤혹스러워하는 것은 미래 예측을 기고해달라고 부탁받았을 때라고 말한다. 과학자들이 매번 미래를 예측하는데, 이들 이야기가 100퍼센트 맞는다고 주장하는 사람은 없을 것이다. 전문가는 물론 수많은 전문 기관의 예측도 제대로 적중하지 않는다. 이 말은 4차 산업혁명 시대에 살아남을 직업이 무엇인가를 정확하게 이야기하기가 힘들다는 것이다. 하지만 인간이 지구상에서 사라지지 않는 한 일자리가 필요하다는 데 이의를 제기하는 사람은 없다.

2013년 옥스퍼드대학교 칼 베네딕트 프레이 교수와 마이클 오스본 교수가 발표한 「고용의 미래: 우리의 직업은 자동화에 얼마나 민감할까」라는 보고서는 상당히 흥미롭다. 당시 그들이 꼽은 사라지지 않을 직업 첫 번째는 레크리에이션 치료사였다. 이 영역은 사람의 감정을 어루만지는 것을 기본으로 하는데 이를 로봇이 대체하기 어렵기 때문이다. 작곡가·만화가·클래식 연주가·배우 등 예술 영역도 컴퓨터로 대체하기 힘든 영역이다. 수목 관리원, 치과·내과·외과 의사, 성직자, 사회복지사 등도 그 뒤를 이었다. 손재주, 협상, 봉사와 관련된 직종이 살아남을 것으로 보인다.

사진사, 보도 카메라맨, 아나운서, 큐레이터, 미술가와 수공예 전문가, 디자이너, 인류학자, 문화 해설사, 초등학교 교사, 척추 지압사, 바텐더, 스포츠 감독과 스카우트 전문가, 국가 대표 운동선수 등도 사라지지 않는다고 분석했다. 이들 직업을 세밀히 살펴보면 로봇이 대체하지 못하는 이유를 곧바로 파악할 것이다.

그런데 챗GPT가 등장한 이후 미래의 일자리에 대해 매우 놀라운 전망이 나온다. 그동안 전문가들은 화가, 조각가, 사진작가, 애니메이터 등은 직업 특성상 인간이 절대적으로 관여하는 종목이므로 일자리와는 관계가 없다고 설명했다. 그런데 2023년 인공지능으로 상징되는 생성형 AI는 이들 분야에도 진출했다. 즉, 대체될 가능성이 높다는 것이다. 현재 인공지능이 이들 분야에서 만들고 있는 결과를 보면 이해할 것이다.[131]

그러나 인공지능의 강공에도 이·미용사도 사라지지 않을 직종으로 분류된다. 수많은 사람의 머리 형태를 지능형 로봇이 모두 파악하려면 엄청난 정보를 입력해야 하는데, 그러면 로봇의 가격이 만만치 않을 것이기 때문이다. 비싼 로봇 대신 인간 이·미용사의 서비스를 받으며 머리를 단장하는 것이 효율적이라는 것이다.

사실 일본에서 머리를 감아주는 로봇이 개발된 적이 있었다. 소위 '샴푸 로봇'이다. 이 로봇은 먼저 머리의 형태를 감지해내는 것으로 시작한다. 스물네 개의 로봇 손가락은 두피에서, 여덟 개의 손가락은 목 뒤에서 작동한다. 샴푸 로봇은 노인, 장애인 등의 일상생활을 돕기 위해 개발된 것으로 샴푸를 한 후 컨디셔너도 과정도 제공한다. 스물네 개의 손가락이 마사지도 해준다. 마지막으로 머리 말리는 작업까지 하면 로봇의 머리 감기는 서비스가 끝난다.

샴푸 로봇은 2012년 일본 오사카에서 처음 등장했는데 한마

이·미용사도 사라지지 않을 직종으로 분류된다. 수많은 사람의 머리 형태를 지능형 로봇이 모두 파악하려면 엄청난 정보를 입력해야 하는데, 그러면 로봇의 가격이 만만 치 않을 것이기 때문이다.

디로 참패였다. 머리 깎아주는 로봇이 현장에서 활용되지 못하는 것은 가위를 사용하므로 안정성은 물론 경제성, 인간적인 측면이 사람보다 못하기 때문이다. 헤어디자이너는 이발을 하면서 손님들과 여러 이야기를 하는데, 로봇이 손님 말에 맞장구를 쳐준다는 것은 상상이 안 된다.[132]

　　일본 노무라증권연구소가 예측한 사라지지 않을 직업 첫 번째는 아트 디렉터다. 이어 야외 강사, 아나운서, 아로마 테라피스트, 강아지 훈련사로 예측했다. 의료 사회복지사, 인테리어 코디네이터, 인테리어 디자이너, 영화 카메라맨, 영화감독도 사라지지 않는다고 보았다. 스티븐 스필버그 감독, 조지 루카스 감독을 로봇이 대체해 흥행에 성공할 것이라고 생각하는 사람은 없을 것이다.[133]

수많은 전문가의 미래 예측이 꼭 들어맞지는 않는다. 그러므로 어느 한 보고서나 발표만 맹신해서는 안 된다. 이 글에서는 여러 사람이나 기사, 기관이 발표하는 미래 예측에서 사라지지 않을 일자리에 대해 설명한다.

채용 컨설팅 기업인 로버트 월터스Robert Walters 사이트에 게시된 글 '인공지능 시대-2030년까지 사라지지 않을 경쟁력 있는 10가지 직업'을 보자. 이 글에서는 우선 숙련도가 낮은 업무부터 전문성이 요구되는 인지적인 업무까지 전 산업군에 걸친 직무 대체가 예상된다고 밝혔다. 그러면서 사라지지 않을 유망 직업들을 다음과 같이 꼽았다.[134]

① 레크리에이션 치료사

② 기계공, 수리공, 특수사업자(기계공, 설치공, 수리공의 일선 감독자)

③ 위기관리 전문가

④ 정신보건 사회복지사

⑤ 청각 훈련사

⑥ 작업치료사

⑦ 치기공사, 의치 보조기 기술자

⑧ 의료 사회복지사

⑨ 구강 외과의사

⑩ 소방관

기술 혁신과 자동화에서도 살아남을 수 있는 직업 1위로 레크리에이션 치료사를 꼽았다. 이는 AI 기술이 아무리 발달해도 감성을 요구하는 영역이나 사람을 돌보는 직업은 기계가 대체하기 어렵다고 생각하기 때문이다. 또한 협상이나 설득 능력 등의 언어적인 기술을 기반으로 한 직무들도 AI 시대에서 살아남을 것으로 예상했다.

특히 기술 혁신을 주도할 수 있는 기계 관련 직군, 건강과 치료와 관련된 의료직, 사회복지와 정신건강 관련 직군 또한 높은 수요를 보인다고 주장했다. 그러나 로버트 월터스가 강조하는 것은 발전된 AI라 할지라도 고차원적인 창의성을 구현하기 어려우므로 창의성과 전문성을 요구하는 직종들은 대체하기 어렵다는 것이다.

옥스포드대학교의 칼 베네딕트 프레이 박사는 2013년 「고용의 미래: 우리의 직업은 자동화에 얼마나 민감할까」에서 치과 의사, 영양사, 헬스 트레이너, 초등교사, 레크리에이션 강사, 소방관 등이 컴퓨터로 대체될 가능성은 1퍼센트 미만이라고 적었다.

이들 직업은 인간의 독창성과 직관, 감정지능 등을 요구하거나 손을 사용하는 일이나 육체노동 같은 인간 고유의 특성을 활용하고, 얼굴을 보며 진행해야 하는 업무가 주를 이룬다. 이러한 업무들은 의사결정 능력이 없는 컴퓨터 소프트웨어가 수행할 수 없으므로 강력한 AI가 등장해도 상대적으로 안전하다고 설명했다. 특히 예술가나 과학자같이 창의력이 요구되는 직업이나 간호사처럼 고객과 긴밀한 관계를 구축해야 하는 직업은 더더욱 자동화되기가 어렵다고 분석했다.[135]

언론인 출신으로 경제경영서를 다수 집필한 안드레스 오펜하이머는 『2030 미래 일자리 보고서』에서 다음과 같이 말했다.

"1990년대 초 초등학교에 다니던 아이는 아이폰 앱 프로그래머, 페이스북이나 트위터의 소셜미디어 관리자로 일하게 되리라고는 예상하지 못했을 것입니다. 당시에는 아이폰도, 페이스북도, 트위터도 존재하지 않았으니까요. 오늘날 웹사이트를 디자인하거나 전자상거래에 종사하는 수천만 명의 사람들은 자신들이 어렸을 때 존재하지도 않았던 일을 하고 있습니다. 기술 변화의 가속도로 인해 미래에는 이런 현상이 점점 더 빈번하게 일어날 것입니다."[136]

최근에는 공장 자동화가 일자리에 마냥 치명적이지는 않다는 내용이 발표돼 매우 흥미로웠다. 자동화 공장이라 할지라도 인간의 일자리가 사라지지 않는다는 것이다.

테슬라의 일론 머스크는 캘리포니아주 프리몬트에 완전 자동화로 인간이 필요 없는 공장을 추진했다. 계획대로라면 이 공장은 인공지능 로봇으로 일주일마다 5000대의 모델 3 전기 자동차를 생산해야 했다. 하지만 실제로는 일주일에 2000대만 생산했다.

머스크는 정교한 로봇이 실제로 생산 속도를 높이기는커녕 오히려 늦추고 있다면서 전자동화가 생각만큼 좋은 것이 아님을 느꼈다고 말했다. 곧바로 테슬라는 라인을 중단하고 생산 능력을 늘리기 위해 천막으로 대규모 임시 구조물을 세웠다. 특히 생산 공정 개조, 로봇을 교육하거나 재교육, 필요할 때 로봇을 대체하기 위해 수백 명의 직원을 고용했다. 머스크는 다음과 같이 말했다.

"테슬라의 지나친 자동화 시도는 실수였다. 정확히 말해서, 제 실수로 인간이 과소평가되고 있다."

과도한 자동화의 함정이라는 교훈을 얻은 회사는 테슬라뿐이 아니다. 인공지능 시스템 구현에 앞장선 수많은 기업은 인간 직원을 대체하기 위해 기계를 사용하는 것보다 직원들이 기계와 함께 일하도록 배치할 때 보다 큰 성과를 달성할 수 있다는 사실을 발견했다.

공장 직원 '0'을 목표로 했던 테슬라는 모델 3의 수요 생산을 위해 제조 부문을 하루 3교대로 운영했다. 궁극적으로는 조립 라인을 논스톱으로 돌릴 수 있도록 매주 400명의 직원을 고용했다. 아이러니하게도 AI가 더욱 많이 활용될 것이 분명한 미래의 공장에서도 인간의 중요성은 더욱 커지고 있다는 뜻이다.[137]

2-3

영원한 일자리 우군

사라지지 않는 일자리에 대해 앞에서 여러 가지로 설명했다. 학자들은 인간이 살아 있는 한 어떠한 일이 있더라도 사라지지 않을 일자리로 인간성, 즉 휴머니티Humanity를 발휘하는 그 무엇이라고 강조한다.

그래서인지 인공지능에게 맡길 수 없는 일자리 1순위로 가장 많이 꼽히는 것이 육아이다. 적어도 인공지능 로봇이 보모의 일자리를 빼앗지는 못한다는 말이다. 누구라도 고개를 끄덕일 만하다.[138] 4차 산업혁명이 아무리 첨단 기술화하더라도 인간의 가장 큰 자산인 인간 간의 공감sympathy이 배어 있다면 이를 위한 공간은 항상 열려 있다.

사실 현대 과학 문명은 소비자가 곧 권력이다. 식당을 갈 때 평점을 보고, 물건을 살 때, 펜션을 찾을 때, 카페를 고를 때도 컴퓨터나 핸드폰을 통해 리뷰를 먼저 본다. 세계를 석권하는 유튜버의 조회수가 수백만, 수천만을 상회한다는 것은 유튜버와 시청자 사이에 '공감'이 전제되어야 가능하다. 소위 공감의 표현인 '구독'과 '좋아요'가 모든 걸 결정하는데, 이는 구독자의 자유 의지가 표명되었음을 뜻한다.

문제는 '공감'의 기준이 매우 예민해 사람마다 다르다는 점이다. 타인들의 공감을 사려면 기술만 필요한 것이 아니라 마음에 대한 아주 세심한 배려가 필요하다. 많은 사람에게 공감을 얻을 수 있는 아이디어는 인간들로부터 호응을 얻는다. 그리고 이것은 인간이 누릴 수 있는 가장 큰 덕목이다.

공감은 '휴머니티'라는 기초 자산이 가진 엄청난 위력을 보여준다. 특히 한국은 어느 나라보다 휴머니티를 중시하는 문화를 갖고 있다. 공감이 이처럼 파급력을 갖는 것은 내가 아닌 남을 배려하기

인공지능에게 맡길 수 없는 일자리 1순위로 가장 많이 꼽히는 것이 육아이다.

때문이지만, 사실 그리 간단하지는 않다. '공감'이라는 자산은 어려서부터 사람과 사회에 깊은 고민과 애정을 갖고 실천을 통해 익혀야 하며, 품이 많이 든다. 결코 만만하지 아니다.

미래의 인공지능 AI 시대에도 모든 지구인에게 공감을 받기가 쉽지 않겠지만, 누구라도 발휘할 수는 있다. 인간의 기본 덕목인 휴머니티는 우리 삶에서 투영되는 진정성을 갖고 있으면 호응을 받을 수 있다.[139] 즉, 인간성을 갖고 있는 아이디어라면 강력한 AI가 등장한다 해도 우려할 이유가 없다. 감동을 주는 아이디어는 반드시 인간의, 인간에 의한, 인간을 위한 것이 아니라도 무방하다.

애나 패퀸은 1982년 출생으로 열한 살 때인 1993년 영화 〈피아노〉에서 아역으로 데뷔해 제66회 아카데미 여우조연상을 수상했다. 그녀가 주연한 영화 〈아름다운 비행Fly Away Home〉은 교통사고로 한순간에 엄마를 잃고, 10년 동안 떨어져 지내 기억도 없는 아빠와 살게 된 열세 살 소녀 에이미가 미처 부화하지 못한 기러기를 우연히 발견하면서 시작한다.

조심스럽게 집으로 옮겨진 기러기 알들은 에이미의 따뜻한 손길 속에서 귀여운 새끼 거위들로 태어난다. 세상에서 가장 먼저 본 에이미를 어미 새로 알고 있는 새끼 기러기들은 오로지 에이미의 곁에서 쉬거나 그녀의 행동만 따라서 한다.

기러기들 덕분에 에이미는 조금씩 마음의 평안을 되찾지만, 집 안에서 야생동물을 키우는 것은 불법이라고 경찰이 말했다. 에이미와 아빠는 야생동물의 본능대로 그들을 날려 보내는 것에 동의했지만, 문제는 어떻게 기러기들이 살 수 있는 곳으로 보내느냐이다. 캐나다 기러기들이 에이미만 따라다닌다는 점을 유심히 관찰한 아빠는 에이미가 울트라 라이트 비행기를 직접 몰고 남쪽으로 기러기들을 이끌고 가는 방법을 생각해냈다. 결국 아빠는 기러기 그림이 그려진 에이미의 비행기를 만든다.

아빠의 친구는 철새인 캐나다 기러기들이 추운 겨울을 지낼 적당한 목적지를 찾아낸다. 그런데 그 땅은 철새 서식지로 지정되었음에도, 정해진 날짜까지 철새가 돌아오지 않으면 개발업자들이 개발을 시작하기로 돼 있었다. 야생의 어미 대신 기러기들에게 나는 법을 가르친 에이미의 노력 덕분에 기러기들은 마침내 나는 법을 터득했고 아빠와 아빠 친구들의 도움을 받아 에이미는 캐나다 기러기 열여섯 마리와 함께 남쪽으로 출발한다.

개발업자가 발표한 날짜까지 철새들이 도착하지 않으면 그나

마 있던 보금자리까지 잃게 되지만, 우여곡절을 거쳐 에이미는 꿋꿋하게 자신이 할 임무를 수행하면서 기러기들을 예정된 목적지까지 인도한다. 결론은 해피엔딩이다. 개발 계획은 철수되고 환경은 보호되었으며, 기러기들은 새로운 보금자리를 찾는 데 성공한다.

〈아름다운 비행〉은 경비행기를 탄 에이미가 기러기 열여섯 마리와 함께 붉은 노을을 가로지르는 장면이 매우 인상적이다. 당시 불과 열네 살이었던 에이미는 전문 비행사에게 조종 훈련까지 받기도 했다. 그러나 이 영화의 주요 배우 중 하나는 기러기 열여섯 마리이다.

촬영을 시작할 때 새끼였던 기러기들의 성장 속도가 너무 빠른데다 자동차나 비행기만 봐도 따라가려고 하는 특유의 습성 때문에 촬영에 어려움을 많이 겪었다고 한다. 총 60마리의 캐나다 기러기가 서로 교체되며 촬영이 진행됐고, 최고 비행 속도가 시속 32마일인 기러기들과 보조를 맞추기 위해 경비행기의 중량을 150파운드로 유지해야 하는 등 말 못하는 철새를 주인공으로 하는 데 고생이 많았다는 후문이다.

태어나서 에이미를 처음 본 새끼 기러기들은 에이미를 어미로 아는데, 이를 각인 효과imprinting effect라고 한다. 오스트리아의 동물학자 콘라드 로렌츠가 관찰해 노벨상을 받은 개념인데, 생애 초기에 일어난 학습 효과가 평생 영향을 미친다는 심리 용어이다. 로렌츠는 인공으로 부화해 갓 태어난 새끼 오리들이 태어나는 순간에 처음 본 대상, 즉 자신을 마치 어미처럼 졸졸 따라다니는 것을 관찰했다.

각인 효과는 새(조류)에게 특히 많이 나타난다. 최근에는 포유류와 어류, 곤충에서도 각인효과가 있다는 사실이 알려졌다. 일반적으로 어린 동물들은 처음으로 눈과 귀, 촉각으로 경험한 대상을 부모로 생각하고 따라다닌다. 오리는 생후 17시간까지가 가장 민감한 시기이고, 보통 새들은 생후 50일 동안 경험한 대상을 부모로 알고 쫓아다닌다고 한다.

영화 〈아름다운 비행〉의 핵심은 건전한 아이디어가 많은 사람에게 감명을 주고, 이 아이디어를 현실화하기 위해 많은 사람이 적극 도와준다는 것이다. 법적으로 보면 건설업자는 악당이 아니다. 그들은 몇 마리의 철새 때문에 거대한 건설 프로젝트가 방해받는 것을 원하지 않았을 뿐이다. 그러나 에이미의 순수하고 아름다운 이야기에 많은 사람이 공감하고 에이미를 적극적으로 도와주었다는 것은 인간의 행태가 교과서대로 움직이지 않는다는 것을 의미한다.[140]

사라지지 않는 일자리를 이야기하면서 〈아름다운 비행〉과 같은 건실한 아이디어만 쫓다가 쪽박 차기 십상이라는 말도 충분히 이해가 된다. 문제는 그런 고급 소재를 어떻게 찾느냐이다. 그러나 에이미의 철새 이야기는 4차 산업혁명의 와중임에도 평범한 아이디어가 커다란 주제로 변할 수 있다는 것을 알려준다. 건전한 작은 생각이 많은 사람에게 공감을 얻으면 이것의 폭발력은 일자리 찾기 차원이 아님은 물론이다.[141]

〈아름다운 비행〉의 아이디어는 계속된다. 1999년 가을 독일의 생물학자 몰렉Moulec 부부가 멸종 위기에 처한 흰머리쇠기러기와 함께 노르웨이에서 독일까지 무려 1000킬로미터가 넘는 거리를 비행하는 데 성공했다.

물새류의 흰머리쇠기러기는 스칸디나비아반도에서 번식해 독일과 네덜란드에서 겨울을 나는데, 1940년대 10만 마리에서 50년 뒤에는 겨우 150마리로 줄어든 상태였다. 이들 멸종 위기의 철새를 되살리기 위해 노르웨이에서 인공 부화시켰다. 문제는 어미 없이 이들을 인공 부화시켰기 때문에 독일까지 이주시키는 데 문제가 있었다. 그래서 그들은 〈아름다운 비행〉에서 아이디어를 빌렸다. 그들은 인공 부화시킨 흰머리쇠기러기의 각인 효과를 이용해 부모 역할을 하면서 성공적으로 독일로 이동시켰다.[142]

2-4

한국에서 살아남을 일자리

4차 산업혁명 과정에서 한국은 사라지는 일자리가 외국과 다르다고 설명했다. 살아남을 일자리 역시 한국과 외국이 다르다.

외국 전문가들은 회계사와 조종사가 인공지능으로 대체될 확률이 높다고 보았다. 업무가 반복적으로 진행되기 때문이다. 그러나 한국고용정보원은 회계사는 법과 제도에 대응하는 전문성을 갖고 있으며, 조종사는 생명과 관련된 중요한 의사 결정이 필요하다는 점에서 대체 가능성이 낮다고 평가했다. 투자·신용 분석가, 자산 운용가, 변호사 등도 대체 비율이 30퍼센트 미만으로, 대체 가능성이 낮은 직업으로 분류되었다.

의료 분야는 전망이 헷갈린다. 앞에서 AI의 등장으로 의료 분야에서 많은 분야가 변화될 것이라고 말했다. 하지만 궁극적으로 인공지능이 의사 전체를 대체하는 것은 불가능하다는 시각이 많다.

미래 사회를 다룬 SF 영화를 보면 의사가 등장하는데, 대부분 기계다. 건강 상태를 측정하거나 심지어는 수술까지 모두 기계가 대신한다. 영화 〈스타워즈〉에서 아나킨 스카이워커를 사이보그 다스베이더로 만든 것도 로봇이었고, 〈스타트랙〉에서 몸에 가까이 대기만 하면 건강 상태를 알 수 있는 트라이코더도 기계다.

그럼에도 의사라는 직업 자체는 사라지지 않을 것으로 추정한다. 옥스퍼드대학교의 칼 베네딕트 프레이 교수와 마이클 오스본 교수가 자동화와 기술 발전으로 20년 이내에 사라질 것이라고 예측한 직업 중에서 내과·외과 의사는 하위 15위를 기록했다. 시간이 지나도 의사라는 직업이 필요하다는 뜻이다.[143]

의료는 기본적으로 인간 등 생명체를 다루는데 문제 해결 능력과 상호작용능력이 필요하다. 예를 들어 엑스레이 분석은 고도의 훈련이 필요한 고소득 직종인데, 인공지능 로봇은 엑스레이 촬영 결과를 인간보다 정확하게 해석할 수 있다는 점에서는 이론의 여지가 없다. 하지만 검사 결과를 갖고 환자와 상담하는 일까지 로봇에게 의지해야 한다는 것은 상상할 수 없는 일이다.[144]

학자들은 뛰어난 인공지능 의사, 즉 로봇이 등장하더라도 그 로봇은 의사를 대신하는 것이 아니라 하나의 능력 있는 파트너나 조력자가 될 것으로 예상한다. 로봇이 인간의 모든 것을 다 알기 위해서는 그 이전에 생명의 신비가 다 밝혀지는 것이 기본이다. 생명에 대해 아직 모르는 것이 많은 상황에서 기계에 모든 것을 맡길 수는 없다.

의료 분야에서 가장 관건으로 등장하는 주제는 누가 최종 책임을 지느냐이다. 모든 진단과 처방에는 담당 의사의 서명이 들어간다. 이는 해당 행위에 대한 책임을 진다는 의미다. 만약 의료 사고가 났을 때 로봇에게 책임을 물릴 수 있을까? 특히 로봇을 만든 회사에 책임을 물릴 수 있는지, 사고 후의 수습은 어떻게 할지 등 골치 아픈 일이 한두 가지가 아니다. 이는 의사가 사라지지 않는 근거가 된다.[145)]

학자들이 인공지능의 위협에도 인간이 존재하는 한 사라지지 않을 절대적인 직업으로 꼽은 것은 종교인과 무속인이다. 미래를 두려워하는 인간의 특성 때문이다. 흥미로운 것은 국회의원도 절대 사라지지 않을 직업으로 예측되었다는 점이다. 국회의원이 국회를 해산하는 데 동의하지 않을 것이기 때문이다.

전문가들은 사라질 위험이 높은 직업에 종사하는 사람들은 위험 직종 분석을 통해 지금이라도 직업 능력을 높이거나 전직을 준비해야 한다고 조언한다. 취업을 준비하는 사람들은 변화를 거부하기보다 평생 직업을 갖기 위한 능력을 개발해 4차 산업혁명 시대를 능동적으로 준비해야 한다.

물론 전문가들의 예상이 항상 맞는 것은 아니다. 특히 일자리 대체 비율이라는 것은 기술적인 업무의 대체 수준을 의미하는데, 인공지능이 해당 직업을 실제로 대체할지는 알 수 없다. 대체 여부는 경제적 효용과 사회적 합의에 의해 결정되기 때문이다. 기술적으로는 충분히 대체가 가능하더라도 비용이 높거나 인공지능이 업무를 수행하는 것에 거부감이 크면 대체되기 힘들다.[146]

사라지지 않을 일자리를 여러 각도로 살펴보았다. 이를 정리하는 차원에서 한국고용정보원이 2016년에 발표한 '인공지능과 로봇 기술' 등을 활용한 자동화에 따른 주요 직업군 400여 개의 직무 대체 확률 분석 자료를 소개한다. 이 연구에 따르면 크게 '지각과 조작', '창의적 지능', '사회적 지능'이 필요한 직무는 인공지능과 로봇이 대체하기 어려울 것으로 판단했다.

먼저 손이나 손가락을 이용해 복잡한 부품을 조립하거나 정교한 작업을 하는 경우, 비좁은 공간에 자주 노출돼 불편한 자세를 취해야 하는 경우 대체 가능성이 낮다고 봤다. 로봇이 유연성과 정교한 손놀림에서 인간을 따라잡는 수준에 이르지 못했다는 뜻이다.

또 주어진 주제나 상황에 대해 독특하고 기발한 아이디어를 내는 창의성이나, 음악·무용·미술 등 감성에 기반한 예술 직무를 인공지능과 로봇이 대체하기는 어렵다고 봤다. 다른 사람의 반응을 파악하고 왜 그렇게 행동하는지 이해하거나, 의견 차이를 좁혀 합의점을 찾아가는 협상과 설득 과정, 다른 사람을 돕기 위해 노력하는 서비스 지향성이 높은 직무들도 대체 가능성이 낮았다.

이 기준에 따르면 화가와 조각가, 사진작가와 사진사, 작가와 관련 전문가, 지휘자·작곡가와 연주자, 애니메이터와 만화가 순으로 예술 관련 직종들의 대체 확률이 낮은 것으로 드러났다. 음식 서비스 종사원(18위), 대학 교수(21위), 출판물 기획 전문가(23위), 초등학교 교사(26위), 귀금속과 보석 세공원(32위) 등의 직업들도 확률이 낮은 쪽이었다.

반면 콘크리트공, 정육원 및 도축원, 고무와 플라스틱 제품 조립원, 청원경찰, 조세와 행정 사무원 등은 인공지능과 로봇 등 자동화로 대체될 가능성이 가장 높은 직업군으로 분석됐다. 정보원 쪽은 이들 직무가 정교하지 않은 동작을 반복적으로 수행하거나, 사람들과 소통하는 일이 상대적으로 적은 특성을 가지고 있는 것으로 평가했다.

그런데 전문적인 지식과 인지 능력이 요구되는 직업군은 오히려 인공지능의 영향권에서 자유롭지 못한 것으로 분석됐다. 흔히 전문직으로 생각하는 손해사정인(40위), 도선사(41위), 일반 의사(55위), 관제사(79위) 등의 직무대체 확률이 높은 것으로 나타났기 때문이다.[147]

〈장성투데이〉의 백형모 기자는 사라지지 않는 일자리로 다음을 꼽았다. 우선 숙련도가 낮은 업무부터 전문성이 요구되는 업무까지 전 산업군에 걸친 일자리 대체가 예상되지만, 창의성과 4차 산업 기술 전문성을 갖춘 직업들은 AI 시대에도 사라지지 않을 유망 직업이 될 수 있다고 적었다.[148]

가수, 무용가, 예술가도 같은 맥락으로 사라지지 않는다. 인간에게 희로애락의 감성을 전달하는 일은 기계로는 불가능하다. AI가 흉내 낸다 하더라도 인간과 같은 감성을 표현하는 것이 가능하지 않기 때문이다. 헬스 트레이너나 레크리에이션 테라피스트들도 기계가 대체하기 어려운 속성을 갖고 있다. 기계공, 수리공 등 기계가 찾아낼 수 없는 약점이나 미세한 부분을 인간의 손으로 찾아내는 직업군도 반드시 필요하다.

인간의 생명과 건강을 담보로 하는 치료와 관련된 의료직, 치과 의사, 치과 기공사, 사회 복지와 정신건강 관련 직군이 사라질 리 없다. 수의사, 수의 보조원, 반려동물 미용사가 사라지지 않는다는 데 이의를 제기하는 사람은 없을 것이다. 홀로 사는 인구가 급증하면서 반려동물 수요도 급증하는데 이에 따른 산업이 사라지지 않을 것은 분명한 일이다.

소방관이야말로 사라지지 않을 직업군이다. 위급한 상황이 돌발하는 재난이나 화재 현장에서 필요한 인력은 대체되기 어렵다. 인간의 판단과 재빠른 조치가 꼭 필요하기 때문이다. 여행과 관광, 숙박 시설은 물론 식당, 경비, 청소직도 사라지지 않으며, 특히 성직자는 사라지지 않을 것이 분명하다. 특히 4차 산업혁명을 이끌어가는 과학자, 인공지능 전문가들은 AI 산업의 발달로 사라지지 않을 핵심 요소라 볼 수 있다.

4차 산업혁명 과정에서 인공지능과 로봇 기술이 발달하면 이를 개발하고 관리 감독할 로봇 관리자, 로봇 기술자의 수요가 높아진다. 또 3D 프린터 전문 엔지니어 같은 신기술 직무도 등장하기 마련이다. 학자들은 막연히 일자리의 소멸을 불안해할 필요는 없다고 말한다. 4차 산업혁명 시대의 변화하는 산업에 대한 능동적인 적응과 전문 능력을 확보하는 것이 관건이다.[149]

새로 생기는 일자리

일자리 부분에서 인공지능이 큰 역할을 할 것이라고 기대하는 것은 경제 효과가 부수되기 때문이다. 인터넷이 처음 나와 블로그가 만들어졌을 때 일찍 자신의 블로그를 갖고 열심히 활용한 사람들이 결과적으로 엄청난 경제적 이익을 얻었다. 유튜브가 등장했을 때 이를 적극적으로 활용한 사람들이 엄청난 소득을 올렸음은 물론이다.

　인공지능은 이보다 더 큰 파장을 일으킬 수 있다. 인공지능이 빠르면서도 광범위하게 적용될 수 있기 때문이다. 블로그나 유튜브에서 성공한 사람들은 인공지능을 긍정적으로 활용하면 엄청난 부가가치를 얻을 가능성이 크다는 것을 미리 보여준다고 하겠다.

　인공지능이 등장한 초기에는 AI가 반복적인 육체노동을 하는 사람들을 대체할 것이라고 했다. 이는 실제로 산업계 현장에서 실현되고 있다. 물류센터나 자동차 업체 등 제조업을 생각하면 알 수 있다. 여기에 인간의 영역이라고 생각하던 창작, 이해, 코딩까지 AI가 대신하더라도 인간과 기계가 파트너가 된다면 나름대로 윈-윈 할 수 있는 것은 사실이다.

　그런데 인공지능은 이런 문제를 넘어 상당히 능력 있는 개인 비서 역할을 어디서든 해줄 수 있다. 과거에도 AI 비서가 등장한 적이 있다. 그런데 이들을 활용하려면 검색해서 어떤 정보를 구하는 과정을 스스로 해야 했는데, 이것이 만만치 않았다.

　반면에 인공지능은 과거처럼 능동적이지 않아도 일을 시키고 어떤 피드백을 받아낼 수 있다. 인공지능은 회의록을 자동으로 작성해줄 수 있고, 주제와 키워드를 주면 이메일을 작성해준다. 매우 저렴한 비용으로 전문가 집단을 내 비서처럼 사용할 수 있는 환경이 된 것이다.

　지금까지 의학지식이 필요하면 의사 친구에게 물어보거나 책 또는 구글링을 해야 했다. 법률에 관한 지식도 마찬가지다. 그런데 이제는 전문가에게 문의하거나 구글링을 하지 않고 인공지능에 질문하면 80퍼센트 이상 해결할 수 있다고 한다.[150]

3-1

일자리 대이동

인공지능이 얼마나 현대인들 깊숙이 들어왔는가는 '대이직 시대'가 시작됐다는 말로 대변할 수 있다. 기업들은 AI 관련 업무 경험이 있는 이들을 높은 연봉에 대거 채용하고 있다. 다른 한편에서는 AI가 기존 업무를 대체하면서 일자리를 위협받는 이들이 양산되고 있다. 즉, 이들이 연쇄적으로 움직이면서 고용 시장이 재편되고 있다는 설명이다.

국제통화기금IMF 크리스탈리나 게오르기에바 총재는 2024년 5월 13일 스위스 취리히대학이 주최한 행사에서 AI가 향후 2년 내 선진국 일자리의 60퍼센트, 세계 일자리의 40퍼센트에 영향을 미칠 것으로 예상했다. 그녀는 AI가 쓰나미처럼 세계 노동 시장을 강타하고 있다고 말했다.

구인·구직 시장에서 AI 기술을 가진 사람을 1군 인재, 없는 사람을 2군 인재로 분류하기도 한다. 1군 인재는 인공지능처럼 콘텐츠 생성 능력을 가진 AI를 다루는 기술 지식과 대형언어모델LLM 작업 경험이 있는 사람을 말한다. 2군 인재는 AI 경험 없이 해고됐거나 해고 위험이 높은 대부분의 개발 직군이다.

애플, 구글, 메타, 마이크로소프트, 오픈AI 등 빅테크들은 생성형 AI 개발자를 확보하는 데 총력을 기울인다. 더불어 AI 개발자뿐

구인·구직 시장에서 AI 기술을 가진 사람을 1군 인재, 없는 사람을
2군 인재로 분류하기도 한다.

아니라 AI를 활용할 수 있는 'AI 의료 영상 전문가', 'AI 교육 컨설
턴트', 'AI 콘텐츠 전략가' 같은 새로운 직업들도 생겨나고 있다. 미
국에서 이들 전문가들은 유사한 직무보다 임금이 25퍼센트 높은 것
으로 나타났다.

　　AI로 인한 일자리 대체가 현실화되고 있다는 것도 AI의 파장
을 알 수 있다. 인도 전자상거래 업체 두칸Dukaan은 2023년 고객 상
담 직원 90퍼센트를 해고하고, 이들을 AI 챗봇으로 대체했다. 영국
통신회사 BT도 2030년까지 5만 5000개 일자리를 줄이는 대신 AI
로 1만 명을 대체하겠다고 밝혔다.

　　자소도도 AI 열풍으로 바뀐다. 한마디로 취업을 준비하는 사람

들의 이력서가 AI를 기준으로 바뀌고 있다는 뜻이다. 기존에 자신이 내세우던 강점보다는 AI를 얼마만큼 다뤄봤고, 회사에서 AI를 어떻게 활용할 수 있는지에 이력서의 초점이 맞춰진다는 것이다. 특히 생성형 AI를 개발할 수 있는 사람에게 부가점이 높은 것은 물론이다.

AI의 열풍은 자연스럽게 'AI를 배우자'로 옮겨 갔다. 2군에서 1군 인재군으로 이동하기 위해 AI 단기 속성 교육을 받는 사람들이 증가하고 있다는 설명이다. AI 능력을 갖춰야 이직·구직 시장에서 더 좋은 대우를 받을 수 있다는 것이 현실화되고 있다.[151]

3-2

각광받는 수학

2024년 6월 24일자 『중앙일보』에는 자동화 기술이 가져온 일자리의 대변화를 다루고 있다.

"인간의 직업과 자동화 기술혁신과의 관계를 심층 분석한 데이비드 오터 MIT 교수 등의 보고서('뉴프런티어: 새로운 일자리의 기원과 내용' 2022년)에 따르면 2018년 기준 전 세계 일자리의 60%가 1940년에는 없던 직업들이다. 1980년 이후 40년 동안엔 대졸자의 경우 중위직업에서 전문직으로의 이동이 증가했다. 비대졸자는 저소득 직장으로의 하향 이동이 가팔랐다. 중간이 비어가는 양극화 현상이었다. 지난 40년간은 자동화가 일자리 수요를 억누르는 쪽의 영향이 훨씬 더 컸다는 결론이다.

마틴 울프는 '1900년 영국엔 동력, 기병용인 말이 330만 마리(1910년 조선의 말은 4만 마리)였으나 지금은 75%가 사라졌다'며 '인간 역시 보다 지능적, 창의적인 기계에 대체돼 말처럼 시대에 뒤처진 기술이 되진 않을까'라고 되묻고 있다."[152]

2023년 4월 골드만삭스는 AI가 정규 일자리 3억 개를 자동화에 노출시킬 것이라고 전망했다. 특히 미국 일자리의 3분의 2가 어느 정도 자동화에 노출되고, 그중 4분의 1에서 최대 절반까지가 대체될 수 있다고 분석했다. 동시에 AI가 전 세계 GDP(국내총생산)의 7퍼센트(7조 달러)를 상승시키고 노동 생산성 역시 향후 10년간 연 1.5퍼센트씩 올라가며, 대부분의 일자리는 부분적으로 노출되므로 모두가 정리 해고되는 대체보다는 보완될 가능성이 더 크다고 우려만 할 일은 아니라고 발표했다.[153]

하지만 AI 등장으로 인한 일자리 문제는 현대인이 가장 크게 신경 쓰는 부분이다. 세계경제포럼은 4차 산업혁명 시기에 가장 빛을 발휘할 직종 두 가지로 데이터 분석가와 전문화된 세일즈맨을 제시했다. 데이터 분석가는 기술적 장애가 있는 데이터 문제를 해결하

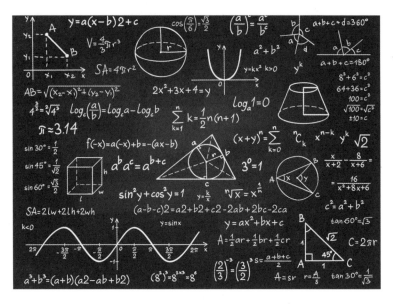

세계경제포럼은 그동안 순수 학문으로만 여겨온 수학이 각광받을 것이라고 예상했다.

는 데 꼭 필요하다. 전문 세일즈맨이 각광을 받는 것은 기술의 발전으로 다양한 제품이 개발되면서 전문 판매 업종이 활성화되기 때문이다.

데이터 분석가의 필요성은 쉽게 이해가 되지만 전문 세일즈맨은 의아하게 들릴 수도 있다. 세일즈맨은 현재도 보편적인 직업이기 때문이다. 4차 산업혁명에서 말하는 전문화된 세일즈맨은 현재와 같이 어떤 제품만 판매하는 것이 아니라, 빅데이터를 기반으로 특성 있는 상품을 제시할 수 있는 사람을 뜻한다.

세계경제포럼은 또한 그동안 순수 학문으로만 여겨온 수학이 각광받을 것이라고 예상했다. 수학은 근본 원리를 이해하고 문제를 풀어내는 과정을 통해 사고력을 계발하는 데 가장 적합한 도구다.

그럼에도 그동안 순수 학문이라는 틀에서 벗어나지 못해왔다. 세계 경제포럼은 앞으로 생기는 직업 200만 개 중 약 20퍼센트가 수학과 컴퓨터 분야라고 예측했다. 산업 수학은 수학적 이론과 분석 방법을 이용해 사회문제를 해결하거나 부가가치를 창출한다. 앞으로 수학의 르네상스 시대가 열린다는 뜻이다.

학자들은 인공지능을 학습시키는 '인공지능 튜터'가 필요하다고 말한다. 인공지능은 잠재력을 가진 어린아이로 볼 수 있다. 인공지능을 인간에게 유용한 방향으로 만들기 위해서는 인공지능을 길들일 인력이 필요하다는 것이다. 알파고가 이세돌 9단을 이길 수 있었던 것도 알파고를 학습시킨 사람들이 있었기 때문이다.

인공지능 튜터에는 공학 분야뿐만 아니라 광범위한 분야의 사람이 필요하다. 인공지능을 학습시키기 위해서는 심리, 사회, 문헌정보 등의 인문·사회학적 배경도 필요하다. 인공지능의 도입 목적이 기본적으로 인간을 이해하고 인간과 소통하는 것이기 때문이다.

자율주행 무인 자동차가 보편화되면 무인 자동차를 고치는 새로운 엔지니어가 필요하다. 로봇 기술자, 복제 전문가, 생체 로봇 외과 의사, 우주 관리인, 배양육 전문가, 양자 컴퓨터 전문가 등도 새롭게 생길 직종이다.

최근에는 사람이 듣지 못하는 주파수 영역까지 들을 수 있도록 안테나를 달아놓은 '슈퍼 귀'와 야간에도 멀리 있는 물체를 식별할 수 있는 '슈퍼 눈' 등 인간 장기의 능력을 극대화하는 연구가 활발하다. 굳이 말을 붙이자면 '신체 제작과 개조'이다. 이러한 과학기술이 보편화되면 신체 부위 제작자body part maker라는 새로운 업종도 생길 것이다.

미래학자인 토머스 프레이는 새로 생길 일자리에 대해 다음과 같이 말했다.

"10년 후 일자리의 60퍼센트 이상이 아직은 탄생하지 않았다. 다시 말해서 새로운 과학기술의 탄생으로 생길 직업들은 아직 우리 앞에 나타나지 않은 상태다. 로봇과 인공지능에 대해 너무 성급한 판단을 하고 있다."

학자들 대부분은 미래의 가정에 3D 프린터가 냉장고처럼 필수품이 될 것으로 예측한다. 그런데 3D 프린팅이 활성화되기 위해서는 필요로 하는 제품을 만들 수 있는 '소스 프로그램'이 필요하다는 점을 간과한다. 100만 개의 물건을 만들려면 100만 개의 소스 프로그램이 필요하다. 이것은 3D 프린터 분야에서 수많은 프로그래머가 필요하다는 의미다.[154]

AI 시대의 변화에 맞추기

생성형 AI 도구가 급속도로 보급되면서 세계 각지에서 그동안 사람이 하던 다양한 수작업을 자동화했다. 전 세계 일자리 시장에서 거대한 변화가 일어날 것은 불 보듯 뻔하다.

다국적 투자은행 골드만삭스는 2023년 3월 보고서를 통해 미국과 유럽에서 최대 3억 개 일자리가 AI의 위협을 받을 수 있다고 밝혔다. 미국 일자리의 3분의 2가 AI를 통해 부분적으로 자동화될 수 있고, 미국과 유럽에서는 업무 네 개 중 최대 한 개가 완전히 자동화될 수 있다고 한다. 특히 반복적인 데이터 입력, 법무 행정, 수학적 기술이 필요한 직업, 심지어 의료직까지 모두 AI 도입에 큰 영향을 받는다.[155]

『IT월드』 2023년 6월 30일자 「"사라지거나, 증강되거나, 새로 생기거나" AI 시대 '일자리' 전망」에 따르면, 골드만삭스는 특히 컴퓨터 관련 업무의 29퍼센트, 의료 부문 기술 업무의 28퍼센트가 AI로 자동화될 수 있다고 예측했다. AI 자동화에 가장 크게 노출되는 직업은 행정직(46퍼센트)과 법률직(44퍼센트)인 반면 건설(6퍼센트), 유지·보수(4퍼센트)처럼 육체적 노동이 수반되는 직업은 AI의 영향을 받을 가능성이 대체로 낮게 나타났다.

AI 자동화의 결과로 IT를 포함한 여러 직업이 타격을 입을 것으로 전망된다. 그러나 AI의 영향을 받는 정도는 직업마다 다르다. 예를 들어 변호사보다는 법률 사무원의 일자리가 위험에 처할 가능성이 높다.

AI가 많은 분야에서 많은 일을 맡게 되면서, 기업들은 기존 인력을 '업스킬링Upskilling'하거나 '리스킬링Reskilling'해야 하는 필요가 생긴다. 업스킬링은 직원이 가진 기존 기술을 향상시키거나 현재의 역할을 보완하기 위한 목적으로 새로운 기술을 가르치는 것을 의미한다. 반면에 '리스킬링'은 직원들이 회사 내에서 맡은 직무에서 새로운 직무로 전환할 수 있도록 교육하는 것을 의미한다. 이는 직원의 현재 업무가 조직 내에서 더 이상 필요하지 않거나 산업 변화와 같은 외부 요인으로 다른 기술을 배워야 하는 경우에 해당된다. 시대 상황의 변화에 맞춰 기존 직원들도 재교육할 필요가 있다는 것이다.[156]

학자들은 역사적으로 봤을 때 자동화로 사라진 일자리가 새로운 일자리 창출로 상쇄됐다는 점을 강조한다. 데이터 관리 및 보안 기업 시큐리티.AISecuriti.AI 최고 데이터 책임자CDO 잭 버코위츠의 말은 의미심장하다.

> "AI는 완벽하지 않다. 그러므로 적어도 당분간 AI는 조종사보다 부조종사의 역할을 하게 될 것이다. 즉, 생성형 AI 도구가 생성하는 작업이 정확한지 확인하기 위해서는 여전히 사람이 필요하다."

학자들은 똑똑한 AI의 등장이 인건비 절감, 새로운 일자리 창출, 해고되지 않은 인력 등과 결합해 큰 경제 성장을 촉진할 생산성 증대 가능성이 높아질 수 있다고 전망한다. 다만 그 시기를 예측하기는 어려운 것이 사실이다.

MIT 전자공학·컴퓨터과학과 아난트 아가왈 교수는 산업혁명이 산업 시대를 열었고, 컴퓨터 혁명이 정보화 시대를 열었듯, AI 혁명은 앞으로 AI 시대를 예고한다고 말했다. AI 시대가 자동화를 통해 창출될 일자리에 맞춰 인력을 업스킬링할 필요가 있다며 다음과 같이 전망했다.

> "앞으로 10년 이내에 전 세계적으로 10억 개의 일자리가 AI로 인해 극적인 변화를 겪을 것이다. AI/ML, 클라우드 컴퓨팅, 사이버 보안, 제품 관리, 프로젝트 관리, 디지털 소셜 미디어 등 빠르게 성장하는 기술 수요가 급증하고 있다. 2022년에만 500만 개 이상의 일자리를 창출한 이런 기술들이 일자리 시장에 지각 변동이 일으키고 있다."[157]

새로 태어나는 일자리 중 비파괴 혁신도 등장한다. 새로운 기술이 등장하면 기업가들은 기존 산업을 없애고, 기존 인력을 줄이는 식의 '파괴'를 가장 먼저 생각한다. 그런데 이런 단적인 대안이 아니라 과거의 것과 공존할 수 있는 완전히 새로운 시장을 여는 비파괴적 혁신이 가능하다는 것이다. 프랑스 경영대학원 인시아드INSEAD의 러네이 모본 교수는 기존에 있던 서비스 영역을 빼앗지 않고 기존의 인력·비용 감축 같은 '파괴적' 결과도 낳지 않으면서도 새로운 시장을 창조할 수 있다고 설명했다.[158)]

대표적인 예로 일론 머스크의 재사용 로켓을 들었다. 우주 기업 스페이스X는 위성·탐사선 발사 비용을 획기적으로 낮추면서도 기존 산업을 완전히 대체하지 않고 새로운 시장을 개척했다는 것이다. 또한 새로운 시장을 창출하는 '비파괴적 혁신'도 가능하다면서 '핑안굿닥터'라는 원격진료 플랫폼을 꼽았다.

14억 인구 대국 중국에서도 대형 공공 병원 쏠림 현상은 심각한 고민거리다. 의사 한 명이 하루에 100명이 넘는 환자를 진료할 정도인데, 이에 중국 대형 보험사인 핑안보험은 '핑안굿닥터'라는 원격진료 플랫폼을 출시했다. AI를 통해 기본 진단을 하고, 음성·화상 통화를 통한 의사와의 상담을 곁들이는 서비스다. 핑안굿닥터가 등장하자 가벼운 질환을 앓는 환자들이 대형 병원으로 몰리지 않게 됐고, 시골 사람들도 실력 있는 의사들의 원격진료를 받을 수 있게 됐다고 한다.

이는 AI가 새로운 서비스를 창출해 사회적 문제까지 해결할 수 있다는 것을 보여준다. 미래의 일자리는 과거의 것을 모델로 해서 이를 새로운 대안의 장으로 만들 수 있다는 것이다. 결국 일자리는 어떤 아이디어를 내놓느냐에 달렸다.

여성의 일자리

소매점이나 마트에서 도우미 AI, 즉 로봇의 활약은 상상을 초월한
다. 도우미 AI는 매장에서 제품 위치를 인지하고 고객을 인도한다.
또 여러 가지 언어로 고객과 소통하며, 매장 통로를 탐색하고 떨어
진 물건이나 재고를 정리하기도 한다. 야간 순찰 로봇은 침입자를
감시한다.[159] 학자들은 쓰레기를 치우고 분리수거하거나 식당에서
접시를 나르는 단순 서비스업, 위험하고 더러운 일은 누구나 기피하
므로 소위 3D 업종은 물론 단순 공장 노동도 대체될 것으로 예상된
다.[160]

이를 액면 그대로 본다면 여성의 일자리가 남성의 일자리보
다 급격하게 줄어들 수 있음을 뜻한다. 새로 창출되는 일자리는 주
로 컴퓨터공학, 수학, 건축, 엔지니어 분야로 남성이 다수를 차지하
고 있다. 여성은 사무·행정직에 많이 고용되고 STEAM(과학·기술·
엔지니어링·예술·수학) 분야에는 여성의 일자리가 많지 않다. 인공지
능을 도입하면 가장 빠르게 일자리가 늘어날 분야도 STEAM 분야
다.[161]

이런 추세대로라면 남성은 일자리 네 개를 잃어버리는 동안 다
른 일자리 하나를 차지하게 되고, 여성은 일자리 스무 개를 잃어버
리는 동안 일자리 하나를 얻게 된다고 한다. 1984년에는 컴퓨터공
학을 전공한 여성의 비율이 37퍼센트에 달했으나, 점점 비율이 떨
어져 2016년 미국에서 컴퓨터 분야에 종사하는 여성의 비율은 24
퍼센트였고, 10년 후에는 22퍼센트로 더 떨어진다고 예상했다.[162]

소매점이나 마트에서 도우미 AI(로봇)의 활약은 상상을 초월한다.
이는 여성의 일자리가 남성의 일자리보다 급격하게 줄어들 수 있음을 뜻한다.

그러나 인공지능의 등장은 이런 예상을 뒤엎는다. 과거에는 대학을 나오거나 심지어 석사학위를 받은 여학생들이 취업할 수 있는 분야가 별로 없었다. 대학에서 상당한 전공 지식을 쌓았음에도 대기업의 비서실에 취업하는 것도 만만치 않은데 비서실에서 하는 일이라곤 차, 서류, 복사 심부름 등이 당시의 업무 대부분이었다. 특히 문서를 복사하는 것이 큰 업무 중 하나라 '내가 이런 일 하려고 대학교 졸업한 거냐?'라며 상당수가 사표를 내었다.

그런데 인공지능이 등장하자 이제 비서 업무가 심부름 수준에 끝나지 않는다는 것이다. 과거에는 전문 학자들의 독점이라고 볼 수 있는, 사람이 하던 기초 조사는 물론이고 보고서 작성 등도 인공지능이 알아서 훨씬 더 효율적으로 만들어준다. 오히려 AI에 능숙한 비서가 필요한 시대가 되었다. 이 역시 인공지능이 가져온 새로운 일자리라 할 수 있다. 이 부분에 관한 한 여성이 남성에게 뒤떨어질 것이 없다.[163]

AI는 우군

앞에서 새로 생기는 일자리에 대해 살펴봤지만 정리 차원에서 다시 설명한다.

　　IBM사는 한국 기업의 약 40퍼센트가 AI를 적극 활용하고 있으며, 48퍼센트는 '검토 중'이라고 발표했다. 즉 조사 대상 기업의 88퍼센트가 AI를 이미 적극 활용하거나 활용을 검토하고 있다는 것이다. 이는 조사 대상국 중 상위권에 속하며, 한국이 AI 기술 발전에 빠르게 대응하고 있다고 평가했다.

　　이 조사에 답한 회사 측은 몇 년 전보다 AI 솔루션의 접근성과 배포가 용이해졌으며, '데이터, AI, 자동화 스킬이 더 보편화되고 AI를 구축·배포·관리할 수 있는 능력이 향상됐다'고 답했다. 특히 'AI 솔루션이 비즈니스 요구 사항에 더 잘 부합하도록 설계하는 등 AI 솔루션의 기술적 발전과 관련한 변화를 체감하고 있다고 답했다.[164]

　　2024년 2월 13일자 『지디넷코리아』에 실린 이균성 논설위원의 글이다.

　　　"이진형 데이터마케팅코리아 대표는 인터뷰 중간에 '인공지능AI이 주 1일 근무 체제를 만들 수도 있다'고 말했다. 기업에 생성형 AI를 도입하고 일하는 방식을 새롭게 할 경우 생산성이 폭발적으로 높아지기 때문에 노동 시간을 확 줄일 수 있다는 것이다. 물론 기업이 기존 고용을 유지한다는 전제를 둬야 가능한 일이다.[165]

세계경제포럼은 2023년 전 세계 27개 산업 클러스터와 45개국에 걸쳐 총 1130만 명 이상의 노동자를 고용하고 있는 803개 기업을 대상으로 설문조사를 진행해 연구 보고서 「일자리의 미래Future of Jobs 2023」를 발표했다. 이 보고서에 따르면, 인공지능과 기술혁신으로 2023년부터 2027년까지 5년간 새로운 일자리가 6900만 개 창출되고, 8300만 개가 사라진다는 것이다. 이는 2023년 전 세계 고용의 2퍼센트에 해당하는 1400만 개 일자리가 사라질 것으로 예측한 것이다.

이 보고서는 향후 5년 동안 모든 직업의 거의 4분의 1이 인공지능과 데이터가 일자리 변화를 주도하면서 녹색 에너지 전환, 공급망 정비 같은 기타 경제 발전의 결과로 변경될 것이라는 주장했다. 가장 주목할 만한 내용은 AI가 '중대한 노동 시장 혼란'을 초래할 수 있지만 빅데이터 분석, 관리 기술과 사이버 보안이 고용 성장의 가장 큰 요소가 됨에 따라 최소한 5년 동안 대부분의 기술이 순기능으로 될 수 있다고 전망했다.

보고서는 조사 대상 기업의 약 75퍼센트는 향후 5년 동안 AI 기술을 적극적으로 채택할 것으로 예상한다. 이로 인해 계산원, 매

표원, 데이터 입력 및 회계 같은 기록 보관과 관리 직책에서 최대 2600만 개의 일자리가 사라질 것으로 예측했다. 또 현대 문명의 기본이라 볼 수 있는 모든 비즈니스 관련 작업의 34퍼센트를 기계가 수행하고, 나머지 66퍼센트를 인간이 수행한다고 했다. 그리고 2027년까지 비즈니스 작업의 42퍼센트가 자동화될 것이라고 예측했다.

세계경제포럼은 가장 높은 수요가 예상되는 일자리로 자율주행 자동차와 전기 자동차 전문가를 꼽았는데, 향후 5년 동안 40퍼센트 이상 일자리가 늘어날 것으로 전망했다. AI · 머신러닝 전문가 수요도 35퍼센트 이상 증가할 것으로 보았다. 지속가능성 전문가, 핀테크 엔지니어, 비즈니스 · 정보보안 · 데이터 분석가, 데이터 사이언티스트 일자리도 30퍼센트 이상 크게 증가할 것으로 예상된다. 이는 인공지능과 데이터 관련 직종이 무려 75퍼센트 이상 증가한다는 것을 의미한다.[166]

교육, 농업, 디지털 상거래와 무역 분야에서도 대규모 일자리 증가가 예상되며 교육산업의 일자리는 약 10퍼센트 증가해 직업교육 교사, 대학 및 고등교육 교육자를 위한 추가 일자리 300만 개로 이어질 것으로 예상했다. 농업 전문가, 특히 농업 장비 운영자를 위한 일자리는 약 30퍼센트 증가해 300만 개 일자리가 추가로 생길 전망이다.

또한 전자 상거래 전문가, 디지털 혁신 전문가, 디지털 마케팅 및 전략 전문가 같은 약 400만 명의 디지털 지원 영역에서 성장이 예상된다고 적었다. 특히 인간의 추론과 문제 해결을 시뮬레이션하는 인공지능과 같은 생성형 AI 애플리케이션의 출현은 추론, 의사소통 및 조정과 관련된 많은 역할을 대체하고 자동화함으로써 확실한 영향을 미칠 것으로 내다봤다.

34

AI 시대에 떠오르는 일자리

앞에서 여러 단원에 걸쳐 새로 생기는 일자리, 즉 직업에 대해 설명했지만 미래를 예측하는 일에 정답이 있는 것은 아니다. 그럼에도 4차 산업혁명 시대의 일자리에서 사라지거나 사라지지 않는 일자리보다 새로 등장하는 일자리 중에서도 서열이 높은 일자리가 무엇이냐는 초관심사가 아닐 수 없다.

각 전문가나 기관에 따라 미래에 떠오르는 일자리가 천차만별이지만, 외국에서 발표한 자료를 통해 미래의 눈에 띄는 일자리 직업군을 좀 더 살펴보자. 2018년 『MIT 테크놀로지 리뷰』는 2030년까지 출현할 수 있는 흥미로운 직업을 제시했고, 마이크로소프트는 2025년과 그 이후에 떠오를 일자리를 제시했다. 또한 영국의 여론조사 업체 유고브YouGov는 시민 2000명을 대상으로 2036년 어떤 기술이 보급되어 대중화될 것인지 묻는 설문조사를 실시했다. 이를 통해 4차 산업혁명 시대를 바라보는 현대인들의 생각을 엿볼 수 있다.

① 폐기물 재활용

한국에 잘 알려진 내용으로 재활용 기술 발전에 따라 폐기물 처리에 따른 일자리가 생길 것으로 본다. 쓰레기 매립지에 버려진 자재들을 회수해 새로운 제품으로 만드는 일이다. 미래에는 각국에서 폐기물 활용에 큰 투자를 한다는 뜻이다.

② 디지털 문화해설가

디지털은 가상현실과 밀접한 관련이 있다. 과거에는 박물관이나 갤러리에서 해설이나 기타 자료를 통해 얻었던 고급 자료와 정보를 디지털 기기로 얻을 수 있다. 특히 방대한 정보를 일반 대중들이 쉽게 받아들일 수 있도록 도움을 주는 디지털 정보는 점점 중요성이 커지지 않을 수밖에 없다.

특히 각 나라의 주요 건축물 등을 입체적으로 스캐닝해 디지털 기록물로 영구히 보존하는 일을 하는 사람들의 역할이 중요해진다. 이라크에서 사라질 위협에 처해 있는 고대 바빌론 유적들을 레이저를 이용해 3차원 디지털 영상 기록으로 남기는 작업이 진행되었다. 한국의 경우 유네스코 세계문화유산에 12건, 자연유산에 2건이 지정된 세계적인 유산 강국으로 이를 위한 대안이 여러 각도로 강구되고 있다. 이 분야에는 디지털 형식으로 고객과 대화하는 멀티미디어 아티스트, 애니메이터, 일러스트레이터 등이 포함된다.

③ 블록체인 뱅킹 엔지니어

블록체인이 세계를 주름잡고 있는데 당연히 이를 처리할 엔지니어가 필요하기 마련이다. 이들은 블록체인 기술 인프라를 확장해 사람들이 세계 어느 곳에서든 안전하게 은행 시스템에 접속할 수 있게 하는 임무를 갖고 있다.

④ 공공 기술 윤리 전문가

정보 기술과 결합해 새로운 형태의 제품이나 서비스, 비즈니스 모델이 만들어질 가능성이 높다. 이 새 기술이 인간들이 사용하기에 적합한 것인지 결정하는 것이 이들의 임무다. AI의 인간 생활 접목으로 인간과 인간의 대면 서비스, 즉 호스피스, 비서, 간호사 등의 분야에 GPT 기능을 갖춘 로봇들이 많이 대체될 것으로 추정한다. 이때 각종 윤리 문제가 제기되므로 이를 전문으로 하는 사람들이 수없이 필요하다는 뜻이다. 자율주행 자동차의 교통사고 등 기술과 인간의 윤리적 측면에서 현실을 적절하게 조종하고 통제하는 일이 큰 관건이 될 수 있다.[167]

⑤ 가상공간 디자이너

전문가들은 병원과 시민 사이에 가상현실 기술이 도입되어 의사를 직접 만나 진료를 받는 것이 아니라 가상현실 기기를 통해 진료가 이루어질 것으로 예상했다. 지금처럼 병원에 갈 필요 없이 가상현실을 통해 진료를 받고, 직접 진료를 받기 위해 인근에 있는 소규모 출장 진료소를 활용하기만 하면 된다.

이에 따라 자연스럽게 VR·AR 시장이 폭발적으로 증가할 것으로 예상한다. 가상의 공간은 집, 학교, 직장, 자동차, 상점 등 우리의 일상적인 생활과 관련된 모든 공간에 접목되는 것은 물론 VR, AR, 메타버스 등을 통해 우주여행, 남극 탐험, 아프리카 사파리 등도 현실감각으로 체험이 가능하다. 이러한 가상공간을 만드는 디자이너들이 미래 직업의 선두주자로 호평을 받을 것임은 자명하다.

⑥ 개인 콘텐츠 제작자

이들은 잘 알려진 1인 콘텐츠 크리에이터와는 다른 개념이다. 현재 인공지능의 발전으로 소프트웨어-두뇌 인터페이스 연구가 폭발적으로 늘고 있다. 이는 어떤 장치를 이용해 인간의 뇌 속에 저장된 정보, 기억, 꿈을 데이터화하는 것을 의미한다. 각 개인의 의식 깊숙이 감춰진 기억과 경험을 마음대로 들락날락할 수 있는 서비스를 제공하는 것이다. 더불어 사망한 사람들의 기억과 경험도 정리해 가족에게 제공할 수도 있다.

⑦ 인체 디자이너

생명공학이 발전하면서 인간의 수명이 100세로 늘어날 것이라고 예측한다. 인체 디자이너는 디자인 기술과 생명공학 노하우를 결합해 인공 피부, 인공 근육, 인공 장기 등 자동차 부품을 바꾸듯이 새로운 모습으로 교체하거나 특정 직업을 위한 향상된 기능을 장착하기도 한다. 성형외과 전문의들과 장기이식 전문가들이 AI를 유기적으로 결합해 윈-윈 하는 효과를 얻을 수 있다는 것이다.

⑧ 우주여행 가이드

흥미로운 것은 우주여행 가이드이다. 우주 결혼식, 우주 관광을 담당하는 직업군이 각광받을 것은 자명하다. 더불어 새로운 직업군으로 다소 생소하지만 우주에 떠있는 수많은 위성과 쓰레기의 위치를 익혀 이를 적정 자리로 옮기는 작업도 만만치 않다. 이를 간단한 작업이라고 생각지 않을 것으로 한마디로 수많은 전문가가 필요하다는 뜻이다.

⑨ 프롬프트(명령어) 엔지니어

생성형 AI는 프로그래밍 교육과 언어 교육 사이를 연결하는 하이브리드 시스템이다. AI가 더 나은 답변을 할 수 있도록 다양한 목적의 명령어를 제작하고 테스트하는 직종이 필요하다. 이는 스마트폰 시대에 안드로이드나 IOS 앱 개발자가 등장하는 것과 유사하다. AI 조련사라는 프롬프트 엔지니어가 주목받는 것은 AI로부터 좋은 자료를 받기 위해 입력하는 질문의 수준을 높여야 하기 때문이다.

⑩ AI 아티스트

달리, 미드저니, 스테이블 디퓨전 등의 생성형 AI를 통해 예술 작품을 만드는 것은 이미 흔한 일이 되었다. 과거의 고정 관념을 답습하는 아티스트들의 미래는 밝지 않지만, 인공지능 등을 활용하는 아티스트들의 직업군이 부상한다. 여기에는 비디오와 기타 시각적 콘텐츠를 생성하거나 인간 행동에 반응하는 대화형 설치물을 만드는 것도 포함된다. AI 아티스트들이 큰 주목을 받는 것은 기존 기술로는 불가능하거나 어려웠던 새로운 형태의 창의성과 표현을 탐구할 수 있기 때문이다.

⑪ 생태 복원 전문가

현재의 세계 인구는 약 80억 명으로 추산한다. 인구 증가로 생태계 파괴는 물론 멸종 동물의 증가 역시 가속화되고 있다. 영국에서 멸종된 늑대와 비버를 복원시켰는데, 이러한 작업은 매우 활발하다. 지구의 특정 지역에서 멸종된 동식물을 복원해 무너진 생태계의 건정성을 지속시키자는 것이다. 산업화의 여파로 버려진 오지를 살아 있는 생태계로 변환시키는 것도 이들 몫이다.[168]

아이디어가 만드는 일자리

인공지능이 지구촌에 등장해 일자리의 경계가 사라졌다는 견해가 많이 있다. 하지만 인공지능을 환영하는 사람들은 이것이 오히려 새로운 일자리를 만들 수 있으므로 결코 부정적으로만 볼 것이 아니라고 주장한다. 이와 같은 전망은 로봇공학과 인공지능 연구로 유명한 카네기멜론대학교 한스 모라벡 교수의 이야기로도 알 수 있다.

"인간과 인공지능의 일자리 경쟁이 불가피해 보이지만 인공지능이 차지할 수 있는 인간의 일자리에는 한계가 있다. 인간에게 어려운 일이 로봇에게는 쉽고, 로봇에게 어려운 일이 인간에게 쉽다는 것이 인공지능의 한계이다. 사무실이나 교실 청소를 한다고 가정할 때 로봇 청소기는 유용하다. 넓은 바닥 청소는 인간에게 힘들고 귀찮은 일이지만 로봇 청소기는 이런 일을 간단히 해치운다. 그런데 청소에 대한 사람과 로봇의 접근은 다르다. 청소를 제대로 하려면 바닥에 떨어진 잡지를 줍고 의자도 치우고 카펫도 들추어야 한다. 그래서 사람은 청소 전에 이런 일들을 먼저 한다. 그러나 인공지능 로봇은 이런 일들과 청소의 상관관계를 이해하지 못하므로 한계가 있을 수밖에 없다."

미디어의 변화도 개인 맞춤형으로 변한다. 반복되는 기사를 쓰는 기자들의 일자리는 줄어들고, 개인 맞춤형 미디어를 생산하는 일자리가 늘어난다. KAIST 이민화 교수는 인간은 자신을 위해 선택된 미디어에 대한 욕망이 있어, 개인도 미디어를 골라 받을 수 있도록 미디어가 변화할 것이라고 전망했다. 4차 산업혁명 시대에는 생산성이 높아지고 업무 시간이 단축되며 여가 시간이 증가해 개인화에 대한 욕망도 증가할 것이다. 개개인의 욕망을 충족시키기 위해 관련 일자리가 늘어날 것이다.

미디어의 다양화와 함께 로봇 저널리즘이 등장할 것이며, 로봇 저널리즘으로 반복적인 기사를 작성해온 기자들은 일자리를 잃을 것이다. 이민화 교수는 로봇 저널리즘의 등장으로 기자들이 탐사 보도, 뉴스 분석 등 창조적인 업무에 매진하게 될 것으로 보았다. 이민화 교수는 트랜스 미디어trans media 시대에는 저작권보다 융합이 중요하다고 강조했다.

4차 산업혁명에서 주목할 것은 고속 정보 처리와 생활 패턴의 변화가 주는 실생활의 변화이다. 인터넷이 확산되면서 원하는 물건을 인터넷으로 검색해 배달받는 전자 상거래가 일상화되었다. 오프라인 매장에서 물건을 고르고 사는 것을 어색하게 느끼는 사람이 있을 정도로 전자 상거래는 보편화되었다.

특히 코로나19로 인한 세계적인 팬데믹으로 재택근무는 물론 물건을 사고 스마트폰으로 집에서 간단하게 음식을 시키는 것 등의 서비스가 가능하게 만드는 O2OOnline to Offline, 즉 온라인과 오프라인을 연결하는 환경이 되었기 때문이다. 이런 변화는 O2O 환경을 적절히 이용하면 상당한 일자리를 창출할 수 있음을 의미한다.[169]

2015년 3월 서비스를 시작한 카카오택시는 2017년 2월 말까지 카카오택시를 통한 호출 건수가 약 3억 1000만여 건에 이른다. 2017년 기준으로 하루 평균 호출 건수는 150만 건에 달한다. 같은 해 기준으로 카카오택시에 가입한 택시 기사 수는 28만 명이다. 당시 전국의 택시 기사 수를 30만 명으로 봤을 때, 93.3퍼센트의 택시 기사가 카카오택시 회원으로 가입한 셈이다.[170]

카카오택시의 이러한 성공은 어떻게 이루어졌을까 궁금한데, 처음의 아이디어는 간단했다. 해외에서 이미 성공한 우버 택시 모델을 국내에 접목한 것이다. 업계는 카카오가 카카오택시에 투입한 마케팅 비용을 약 150억 원으로 추정한다.

플랫폼 사업의 특징은 1위만 살아남는 것이다. 이를 잘 아는 카카오는 공격적인 마케팅을 펼쳤다. 별도의 가입 절차 없이 메신저 카카오톡으로 인증을 받고 사용할 수 있게 했다. 사용의 편리함은 카카오 택시가 자리 잡는 데 큰 도움이 되었다. 카카오택시는 서비스 출시 이전에 전국택시노동조합연맹과 MOU를 맺어 공급자 집단을 장악하고, KT와 업무 협약을 맺어 기사들이 카카오택시 어플리케이션을 무료 데이터로 사용할 수 있도록 했다.

O2O 서비스에 빠지지 않는 말이 옴니 채널omni cannel이다. 옴니는 '모든 것', 채널은 '유통 경로'를 의미한다. 고객이 상품을 구매하기 위해 이용하는 오프라인 매장, 모바일, 키오스크, 카탈로그, 인터넷 등을 유기적으로 결합해 고객에게 일괄된 쇼핑 경험을 제공하는 것을 의미한다.

카카오택시는 O2O 아이디어로 순식간에 콜택시 분야를 장악했다. 이런 아이디어는 택시에만 적용되는 것이 아니다. 홈서비스 분야에서 큰 시장으로 부상했다. 아마존은 2015년 프라임 멤버십을 통해 배관 수리, 인테리어 등 인력 중개형 홈서비스를 출시했다. 출시 5개월 만에 서비스 지역이 15개 대도시로 확대되었고, 1000명 이상의 서비스 전문가가 등록해 1500만 종류의 다양한 서비스를 제공했다. 피아노 선생님에게 레슨을 예약하고 결제까지 할 수 있을 정도로 확장성이 무궁무진하다. 구글 역시 이런 홈서비스를 제공하고 있다.

또 다른 기대 분야는 푸드테크food tech다. 전 세계 O2O 서비스의 약 절반이 음식 배달 서비스와 요식업으로 추산된다. 현재는 단순중개에서 주문형 실시간 배달로 진화하고 있지만, 나중에는 케이터링(행사나 이벤트 등에서 음식을 제공하는 서비스)과 개인 맞춤형 식단, 가상 레스토랑으로 확대될 전망이다. 그 외에 교통·운수(카셰어링·대리운전·주차 등), 숙박, 부동산, 병원·약국, 뷰티·케어 등으로 O2O 서비스가 확대될 것이다.

KAIST 이민화 교수는 4차 산업혁명의 얼개를 다음과 같이 설명한다.

> "4차 산업혁명은 사물인터넷이 오프라인 세상의 정보를 온라인 클라우드로 끌어올리는 빅데이터를 만들고, 인공지능이 빅데이터를 처리해 예측과 맞춤으로 다시 오프라인 세상에 최적화되게 만들고, 또 이것을 가상현실 기기나 3D 프린터가 현실로 구현하는데, 이 모든 단계가 O2O 순환이며 4차 산업혁명은 바로 O2O 순환으로 이해해야 한다."[171]

여기에서 가장 우려되는 문제는 일자리를 갖지 못하는 그 많은 사람은 어떻게 되는가이다. 긍정적인 전망은 일론 머스크의 주장이다.

> "국가가 주는 기본소득으로 살아갈 수 있다."

AI가 인간의 일을 상당 부분 대체하고 기술 혁신에 따라 사회 전체 생산성이 월등히 높아진다면, 20퍼센트의 사람만 일해도 나머지 80퍼센트를 먹여 살릴 수 있는 세상이 온다. 사실 몇몇 나라에서는 기본소득이라는 제도로 이런 실험을 추진하고 있다. 핀란드는 월 70만 원을 지급하는 기본소득제를 2017년부터 시행하고 있다. 그런데 세계는 넓어 모든 것을 단일 개념으로 설명할 수 있는 것은 아니다.

2016년 스위스에서 정부가 매달 300만 원씩 지급하는 기본소득 도입을 위한 국민투표를 실시했다. 다소 놀랍지만 국민 다수(76.9퍼센트)가 반대해 도입이 무산됐다는 것이다. 잘 알려지지 않은 이야기지만 스위스는 큰 틀에서 실업자가 없다고 한다. 인구가 870여 만 명에 지나지 않는데, 2020년 기준으로 1인당 국민소득이 8만 달러나 되므로 실업자들이 생길 이유가 없다는 설명이다.

학자들은 평생 놀아도 먹고 산다고 해도 인간들이 마냥 행복을 느끼지 않는다는 점에서 인간은 오묘한 존재라고 말한다. 억지로 일해야 하는 상황이 사라지면 인간이 더욱 자유로워질 것으로 보이지만 행복해지는 것은 아니라는 뜻이다. 인간은 살아가는 의미의 많은 부분을 '직업job'에서 찾았기 때문이다. 물론 스위스에서도 머지않은 미래에는 기본소득이라는 제도가 통과될 가능성이 높다고 한다.

그래서 많은 정부는 대안으로 다소 '가짜 직업', 즉 기본소득을 그냥 주지 않고 정부가 제공하는 공공 근로 형태의 직업을 주선해 기본소득을 받아가도록 유도한다. 한국에서 2008년 금융위기 직후 시행한 '희망근로사업'과 유사하다.

미래학자 토마스 프레이는 2030년까지 20억 개 직업이 사라질 것으로 예측하지만 여기에 단서를 달았다. 사라지는 것은 직업 자체가 아니라 업무를 자동화하면서 필연적으로 나타나는 결과라는 것이다. 이 말은 미래에 인간은 AI와 경쟁해야 함을 의미한다.

인공지능, 즉 신인류가 할 수 없는 부분은 생각보다 많다. AI가 따라할 수 없는 인간 고유의 것들을 찾아낸다면 미래의 일자리를 두려워할 이유가 없다.[172] 미래의 일자리가 사라진다고 걱정할 것이 아니라 자신의 적성에 맞는 일자리를 어떻게 찾느냐가 중요하다.

흥미 있는 일자리도 생길 수 있다. 인공지능 로봇이 많은 산업 현장을 누빈다고 하지만 특수 로봇이 필요한 경우가 생기기 마련이다. 단적으로 말해 특수 로봇 한두 개를 구입해 로봇을 임대해주는 직업도 생길 수 있다.[173] 미래의 일자리에 한계가 없다는 말이다. 다음으로는 4차 산업혁명의 대세를 구성할 3D 프린팅에 대해서 알아보겠다.

3-5
3D 프린팅과 일자리

1840~1900년대만 해도 미국에서 말과 노새는 약 2100만 마리가 사육되고 있었다. 하지만 2차 산업혁명으로 자동차와 트랙터가 보급되자 1960년대 말 사육 두수는 300만 마리로 줄어들었다. 마찬가지로 4차 산업혁명으로 사람의 일자리가 급격히 줄어들지 않겠느냐는 것이다. 노벨 경제학상 수상자인 레온티에프는 "그렇다"고 말했다.

물론 사람과 말은 다르다. 하지만 현재 인공지능과 3D 프린터 등의 진격을 보면 인간들의 일자리가 위협받을 것은 자연스런 일이다. 4차 산업혁명으로 일자리가 큰 화두인데, 앞에서 설명한 일자리들은 인공지능 등을 통해 새로운 직업이 수없이 생길 수 있다는 것을 의미한다. 일자리는 많은 투자와 활용이 이루어지는 분야에서 생긴다.

미래까지 이어질 일자리로 가장 강력하게 대두되는 분야는 3D 프린팅이다. 3D 프린팅은 자율주행 자동차, 드론과 함께 4차 산업혁명의 핵심 요소다. 미래의 인간들은 이들을 사용하지 않고는 살아갈 수 없다. 3D 프린터의 등장은 그동안 상식으로 생각한 제조업을 원천적으로 고려해야 하는 파괴력을 갖고 온다는 데 중요성이 있다.

자본이 제조업 시설을 독점하고, 이를 통해 얻는 잉여 생산물로 자본을 증식했던 산업혁명 이후 처음으로 자본이 아닌 보통 사람들도 제조업의 본질에 가까이 다가갈 수 있게 되었다. 심지어는 인터넷의 발명 이후 3D 프린터의 대중화를 또 다른 산업혁명으로 부르기도 한다.

에드 포레스트와 용 카오는 2013년 논문 「디지털 제조업: 제조 과정의 패러다임 변화와 사회 경제적 효과」에서 3D 프린팅 기술이 사회에 미칠 영향으로 다음 네 가지를 꼽았다.

① 거의 모든 것을 제작할 수 있도록 돕는다.
② 노동·조립·유통 단계의 비용 절감을 가져온다.
③ 네트워크화의 영향으로 크라우드소싱(crowdsourcing)과 협업을 이끈다.
④ 지리경제학에까지 영향을 미친다.

네 번째 변화와 관련한 지리경제학적 관점은 3D 프린팅이 가져올 밝은 미래와 어두운 미래 모두를 포함한다. 3D 프린터를 이용하면 누구나 낮은 가격에 간단하고 빠르게 필요한 물건을 만들어낼 수 있다. 이에 따라 제조업의 역할이 지금보다 떨어질 것이라고 충분히 예측 가능하다. 이는 각국 제조업 노동자들에게 상당한 파급을 가져올 수 있다. 즉 일자리 감소라는 어두운 문제가 자리 잡게 된다는 것이다.

미국의 비즈니스 전문 온라인 잡지 〈아비트라지Arbitrage〉는 3D 프린팅 기술에 대해 다음과 같이 논평했다.

> "3D 프린팅 공정은 의심의 여지없이 저임금 일자리를 위협한다."[174]

3D 프린터의 럭비공이 어디로 튈지 모르지만, 저렴한 3D 프린터 덕분에 자신이 필요한 상당수 물건들을 자신이 직접 만들 수 있다는 것은 반가운 일이다.

4차 산업의 특성은 개인과 기업의 기하급수적 성장을 가능하게 한다는 점이다. 고소득 전문직이나 창의성을 요하는 직군에게 4차 산업혁명은 새로운 기회다. 사실 저소득 노무직은 자동화나 기계를 통한 전면 대체가 거의 불가능하므로 그런대로 버틸 수 있다. 그러나 어중간한 소득층의 대체가능한 단순 반복적인 일자리는 대폭 줄어들 수 있다.

3D 프린터의 등장이 산업계에 급속한 변화를 가져올 것이라

고 예상하는 것은 '맞춤 기반 소량 생산'이 가능해지기 때문이다. 사실 산업혁명의 기본은 획일화된 제품의 생산과 사용이라 볼 수 있다. 똑같은 것을 한 번에 많이 만드는 것이야말로 '생산 속도는 빠르게, 가격은 더 낮게' 할 수 있는 핵심 요인이다. 그동안은 대량 생산 체제를 거부하면 여러 부분에서 마찰을 빚으므로 가능하면 이를 거스르지 않으려 노력했다.

자율주행 자동차, 드론과 함께 첨단 미래의 3대 요소로 거론되기도 하는 3D 프린터는 이와 전혀 다른 개념에서 출발한다. 필요에, 취향에 맞춰 원하는 제품을 큰 부담 없이 만들어내는 것을 목표로 하기 때문이다.

3D 프린팅은 1980년대에 설계 도면만 입력하면 플라스틱뿐 아니라 수많은 재료를 사용해 다양한 형태의 구조물을 만들어내는 것에서 시작했다. 물론 초기부터 만족스러운 결과를 얻지는 못했다. 단정하지 않고 정밀도가 떨어졌으며 출력 시간도 만만치 않았다. 게다가 가격도 엄청나서 아무나 사용할 수 없었다.[175]

한국의 학자들은 한국이 수출 등 대외 의존도가 높아 세계 정황에 상당한 취약점이 노출되지만 이를 새로운 기회로 만들 수 있다고 말한다. 미래 첨단 사회는 인공지능 컴퓨터와 네트워크를 기반으로 하므로 한국은 유리한 고지에 있다는 설명이다.[176] 자율주행차, 드론, 3D 프린터 시대에 시장의 기반이 되는 반도체, 디스플레이, 배터리 등에서 국내 업체들이 강력한 경쟁력을 가지기 때문이다. 특히 건설 분야는 세계 최강으로 꼽는데, 3D 프린팅의 신기술이 가세한다면 한 차원 높은 미래를 만들어낼 수 있다.[177]

한국에서는 직원을 구하지 못해 발을 동동 구르는 제조 업체들이 증가하고 있다. 특히 공작기계 부분은 일감이 없어서가 아니라 금형을 만들 직원을 구하지 못해 어려움이 더욱 많다고 한다. 기본적으로 일이 고되고 임금이 그리 높지 않기 때문이다. 이런 상황에 3D 프린터가 등장하자 돌파구가 열렸다.

사실 3D 프린팅은 금형산업의 천적이라고 볼 수 있다. 제품을 찍어내는 성형 틀의 일종인 금형 없이 마법처럼 제품을 생산할 수 있기 때문이다. 그래서 3D 프린터가 등장한 초기부터 이 기술이 장차 전통 제조업종을 위협하고 일자리도 줄이는 부작용을 일으킬 수 있다고 우려했다.

그런데 이런 문제가 모든 업종, 모든 국가에서 동일하게 발생하는 것은 아니다. 한국의 경우 금형산업에서 3D 프린팅이 오히려 기존 제조업종의 일손 부족 문제를 덜어주고 상품 제작의 효율을 높이는 보완기술 역할을 하며 활로를 찾아주고 있다. 이런 상황을 2017년 미래창조과학부의 손진철 사무관은 이렇게 말했다.

"금형 업계 분들은 3D 프린터를 싫어하실 줄 알았는데 오히려 환영하시더군요. 그래서 정부는 앞으로 국가기술자격증을 발급하기로 하고 관련 기술을 인증하는 기사시험도 만들 계획입니다."

3D 프린터가 바꾸는 세상

그동안 산업계는 누군가가 만들어놓은 상품들 가운데 자신이 원하는 것을 골라서 구입해야 했다. 3D 프린터는 이런 개념에서 벗어나게 해준다. 3D 프린팅은 자신이 원하는 물건을 집에서 마음대로 만들 수 있다는 것을 대전제로 한다. 즉 3D 프린터 기술이 발전할수록 우리의 소비문화가 획기적으로 달라질 수 있다는 것이다.

소비문화가 달라진다는 것은 전체 산업구조가 크게 바뀐다는 것이다. 이를 간단하게 설명하면 어떤 직업은 영원히 사라지고, 어떤 직업은 새로 생겨나 유망 직업으로 올라선다는 뜻이다. 3D 프린터 하나가 세상을 뒤바꾸는 엄청난 힘을 갖고 있다는 사실을 간과하지 말자.

3D 프린팅, 즉 3D 프린터로 물건을 만들어내는 기술은 1980년대에 개발되어 시제품을 제작하거나 콘셉트 디자인을 만들 때 주로 사용했다. 하지만 40년 만에 자동차, 항공우주, 방위산업, 가전제품, 의료장비, 의학, 건축, 교육, 애니메이션, 엔터테인먼트, 완구, 패션 같은 다양한 산업에서 활발하게 이용하고 있다. 그만큼 다양한 분야에 커다란 지각 변동을 일으키고 있다. 수많은 일자리가 요동치는 것이다. 그러므로 눈을 크게 뜨고 3D 프린터가 바꿔놓을 미래 세계를 파악한다면 수많은 일자리에 선도적으로 나갈 수 있다.

2018년 1월 26일자 『에듀진』 김해림 기자가 쓴 「3D 프린터가 바꿔놓을 세상, 어떤 직업이 '흥'할까」는 3D 프린터의 접목으로 달라질 직업에 대해 다루고 있다. 일자리 자체가 워낙 많은 요소로

3D 프린터 기술이 발전할수록 우리의 소비문화가 획기적으로 달라질 수 있다.

결정되지만, 김해림 기자의 글은 3D 프린팅이 어느 분야까지 영향을 미칠 수 있는가를 잘 보여준다. 단편적이지만 앞에서 설명한 3D 프린터와 연계해서 읽어주기 바란다.

① 맞춤형 개인 소품 제작자

사람들이 자신의 취향에 맞는 품질을 사고 싶어 하는 것은 기본이다. 3D 프린터로 만들어내는 인형, 액세서리, 신발, 인테리어 소품 같은 분야에서 개인 맞춤형 제품을 적은 양으로 제작해 직접 판매하는 창업자가 늘어날 것이다. 한국에도 이미 손님의 얼굴이나 태아의 피규어를 제작해주는 3D 프린터 전문점이 성업 중이다. 피규어(figure)란 관절이 움직여 다양한 동작을 표현할 수 있는 모형 장난감을 뜻한다.[178] 김해림, 「3D 프린터가 바꿔놓을 세상, 어떤 직업이 '흥'할까」, 『에듀진』, 2018년 1월 26일.

② B2C(Business-to-Consumer, 기업 대 소비자) 부품 제작과 창업자

3D 프린터가 하드웨어라면, 디지털 디자인 설계도는 3D 프린팅의 소프트웨어라고 할 수 있다. 3D 프린팅 제품의 질은 설계도가 좌우한다. 수많은 고객이 좋은 설계도를 찾기 위해 온라인 시장을 찾을 것이기 때문이다. 이에 따라 3D 디자인을 사고파는 중개 사이트 등이 활성화되리라 본다. 작곡가가 자신이 만든 음원의 저작권료를 받는 것처럼, 3D 프린팅 디자이너 도 자신이 만든 디지털 도면을 사용하는 사람들에게 저작권료를 받는 시대가 열릴 것으로 예상한다.

③ 바이오 인공 장기 제작사

치아나 턱뼈, 인공 혈관, 귀 같은 신체 일부를 환자의 몸에 딱 맞게 맞춤형으로 전문 제작하는 직업이 생겨날 것이다. 3D 바이오 프린터로 의료 분야 제작을 전담하는 사람들이 등장한다. 맞춤형 신발이나 의자를 만들려면 반드시 사용할 사람의 몸을 측정해야 하므로 이를 전담하는 인체 측정사도 새로운 직장을 얻는다.

④ 3D 출력물 품질과 신뢰성 평가 전문가

3D 프린터로 출력한 제품들이 우수수 쏟아져 나오면서, 이 제품들의 품질과 신뢰성을 평가하는 전문직이 필요하지 않을 수 없다. 이들의 주 업무는 복잡한 저작권법 문제를 해결해주는 것을 기본으로 한다.

⑤ 3D 프린팅 소재 코디네이터

소비자가 원하는 제품을 만들 수 있는 가장 적당한 소재가 무엇인지를 찾

아주는 3D 프린팅 소재 코디네이터 직업도 등장한다. 당연히 3D 프린팅 컨설턴트도 힘을 얻는다. 3D 프린터를 이용하는 사람들이 모두 전문가가 아니므로 전문가들의 기술적인 자문은 항상 유효하다.

⑥ 3D 프린터 예술가

3D 프린터로 창의적인 예술 작품을 만드는 사람들도 등장한다. 그동안은 상상도 할 수 없었던 새로운 설치미술, 도자기, 조형물 등이 3D 프린터를 통해 탄생할 수 있다. 수많은 3D 패션디자이너가 직업을 얻게 되는 것은 기본이다.[179]

한국에서 3D 프린팅 기술이 다방면에서 본격적으로 실용화되려면 넘어야 할 산이 있는 것은 사실이다. 우선 소재 기술 개발이 급선무다. 어떤 소재의 재료를 프린터에 넣느냐에 따라 이를 이용해 찍어내는 완성품의 내구성, 마감 품질, 제작 속도, 제조 원가 등이 천차만별이기 때문이다.

학자들이 가장 크게 주목하는 것은 3D 프린터를 다양한 제조 공정에 맞게 효율적으로 운영하도록 하는 소프트웨어 개발이다. 지구상의 수많은 제품 하나하나 코딩된 소프트웨어가 필요하다는 것이다. 이를 누가하느냐는 질문에 대한 답은 간단하다. 필요한 사람이 만들면 된다.

현재 지구를 석권하고 있는 인공지능이 코딩까지 가능하다고 하지만 인공지능에 지령하는 질문, 즉 프롬프트의 기본은 인간의 작동으로부터 시작한다. 달리 말하면 3D 프린팅으로 수많은 일자리가

대기하고 있다는 뜻이다.[180]

3-6
테크 프리랜서

코로나19 팬데믹으로 온라인 산업이 폭발적으로 성장했다. 당연히 이들 산업을 뒷받침하기 위한 전문가들이 필요하기 마련이다. 그래서인지 미국에 본사를 둔 온라인 결제 플랫폼 페이오니아의 설문조사에 따르면, 전문기술 분야 교육자 82퍼센트, 외국어 분야 교육자 55퍼센트가 '온라인 강의 수강생이 증가했다'고 응답했다. 이는 코로나19 팬데믹으로 새로운 기술에 대한 온라인 학습자가 증가한 데에 기인하는데, 미국의 경우 팬데믹 초반에 온라인 학습자가 무려 425퍼센트 급증했다고 밝혔다.

온라인 학습자가 늘었다는 것은 프리랜서가 직업으로서 선호도가 높아지고, 특정 전문 기술을 보유한 유능한 프리랜서 전문가의 채용이 늘어난다는 것을 뜻한다. 부수입으로 온라인 강의를 하는 프리랜서도 90퍼센트가량이 '주 수입원으로서 온라인 강의'가 가능하다고 답했다. 여기에서 주목할 것은 이들을 교육하는 강사는 자격증이 없이도 교육이 가능하다는 점이다. 그러므로 전문 기술을 보유한 온라인 교육자들은 전 세계 온라인 교육 플랫폼을 통해 수요자를 찾고 수익을 창출할 수 있다.[181]

사무실에서 업무를 볼 때 검색엔진은 중요한 도구이다. 검색 시대의 절대자 구글은 현재 시장의 거의 약 90퍼센트를 차지하고 있다. 그런데 구글은 인공지능이 등장하면서 검색엔진 시대의 절대 위기에 봉착했다고 말한다. 생성형 AI 기반 업무용 애플리케이션 시대가 열리고 있기 때문이다.

앞으로는 사무실에서 의자에 앉아 PPT 자료를 만들고, 고객 관리를 위해 이메일을 쓰고, 화상으로 회의하던 장면이 완전히 달라진다. 파워포인트를 열어 만들고자 하는 내용을 입력하면 GPT챗가 그림과 텍스트 등이 포함된 기획서나 보고서를 만들어줄 뿐만 아니라 수정이나 삭제 등 변경하고자 하는 내용을 대화하면서 보완할 수 있다.

자료를 더욱 프로처럼 보이기 위한 기술적인 능력도 큰 위력을 발휘하지 못한다. 만들고자 하는 콘셉트와 완성도를 높이기 위해 수정 보완할 수 있도록 유도하는 거시적인 안목만 있다면 훌륭한 결과를 만들어낼 수 있다.

그렇다면 직장인의 생존 전략은 무엇일까? 4차 산업혁명 인공지능 시대에는 창의성과 융합, 현장 경험만 강조하는 것이 아니라 이들의 경계를 뛰어넘는 사고의 유연성이 필요하다. 이제는 인공지능 등 AI기술과 나의 어떤 능력을 융합해야 업무 효율성을 보다 높일 수 있느냐가 관건이다. 그 구체적인 내용을 보자.

① 자동화된 업무

AI를 이용해 회의록 작성, 문서 번역, 기획서 및 보고서 작성, 자동화된 고객 지원을 하면 당연히 업무 시간이 줄어든다. 물론 이들 결과물을 활용하기 전에 누락된 부분이나 오류 등이 없는지 검증하고 확인하는 것은 기본이다.

② 빅데이터 분석

AI를 이용해 대량의 데이터를 분석한 결과를 토대로 업무 프로세스를 개선하거나 시장 동향을 파악하고 경영 전략을 수립하는 것은 회사에 큰 도움을 준다. 물론 현재 일어나거나 미래에 일어날 수 있는 내외적인 요인들을 철저하게 분석하는 것은 기본이다.

③ 예측 모델링

고객의 행동 패턴을 예측하는 것은 경영상 매우 중요한 요건이다. 고객의 행동 패턴과 심리를 분석해 새로운 제품이나 서비스 개발이 가능하기 때문이다. 이를 위해서는 정확한 상황 판단 능력이 필요하며, 현장 경험이 풍부한 사람에게 유용하다.

④ 교육 및 역량 개발

AI 분석을 바탕으로 맞춤형 직원 교육 프로그램을 개발할 수 있다는 점도 큰 덕목이다. 이를 통해 개인의 역량을 강화하고 AI와 협업 기반의 직무 역량을 고려하여 전문적인 업무에 투입하면 경영에 도움이 됨은 물론이다.

⑤ 광고 및 홍보

현대의 기업에서 광고와 홍보는 매우 중요한 요소이다. 이를 위한 스토리 구성과 대본 등 아이디어를 AI가 도와줄 수 있다. 물론 AI가 회사를 경영하는 것이 아니므로 회사나 기관의 내부 상황에 맞는 방향을 유도하는 담당자가 필요함은 물론이다.

AI를 활용할 때 중요한 것은 AI가 할 수 있는 것과 할 수 없는 것을 미리 파악해 대처하는 것이다. 이런 능력은 인간만이 가질 수 있다. 학자들은 현재의 비약적인 AI 발전을 볼 때 AI와 협력하면서 다양한 문제들을 해결하는 것이 바람직하다고 말한다. 그러나 이 문제가 말처럼 간단한 것은 아니다. AI와 인간 간의 서로 다른 가치를 인정하면서 윤리적 측면도 고려해야 하기 때문이다.

학자들은 위와 같은 여러 가지 점을 고려해 미래의 유망 직업으로 테크 프리랜서를 거론한다. 스타트업과 미래의 일에 관한 글을 전문적으로 쓰는 새라 케슬러는 『직장이 없는 시대가 온다』에서 다음과 같이 적었다.

"시대가 변하는 만큼 일의 의미와 형태도 변화하는 것이 당연하다. 정규직과 풀타임 일자리가 점점 사라져가는 시대다."[182]

코로나19 팬데믹은 이를 촉발시켰다. 한마디로 임시직 일자리다. 이의 여파로 온라인이 활성화되면서 배달 등 플랫폼 노동자들이 증가했다. 한 예로 아마존 시스템을 적극 수용한 쿠팡은 단기 알바를 유치하는 데 성공했다. 많은 라이더가 자가용으로 물품을 배송하면서 적절한 부수입을 올렸다.

특히 코로나19 팬데믹으로 재택근무가 대폭 늘어나면서 직장의 개념이 흐릿해지고 있다. 물론 재택근무 대신 직장 근무를 선호하는 동향도 나타나고 있지만, 한 번 도입된 원격 업무를 선호하는 사람이 더 많다.

인공지능이 현재와 같은 발전 추세라면 2040년경에는 현재의 정규직 일자리 대부분이 '테크 프리랜서 경제'로 대체될 것으로 전망한다. 대부분의 사람들이 인공지능을 활용하거나 도움을 받아 스스로의 생계를 AI와 협업해서 만들어가는 자발적 프리랜스의 삶을 선호하게 된다는 것이다.

한국의 경우 인공지능의 발전에 따라 MZ 세대들의 비정규직 선호와 'N잡러' 문화가 더욱 가속화할 것으로 보인다. 'N잡러'란 두 개 이상의 여러 직업을 동시에 병행하는 사람을 가리킨다. 이는 얼마나 시간을 자율적으로 쓸 수 있느냐에 따라 달라진다는 말이다. 인공지능을 통해 빠르고 정확한 아이디어를 얻어 또 다른 무엇을 할 수 있다면 시간의 가치를 더욱 높일 수 있다.

인공지능 시대로의 대전환은 테크 프리랜서 경제의 확산은 물론 기존의 정규직, 비정규직을 넘어 달라지는 노동의 형태를 준비해야 한다는 메시지를 주었다. 인공지능과 함께 내가 좋아하는 일로 내 미래를 만들어갈 수 있도록 거기에 맞는 테크 기반 융합 능력과 도전 능력을 차근차근 쌓아가야 하는 과제는 자기 자신의 몫이다.

1700년대 말 영국에서 시작된 1차 산업혁명의 단초는 동력기관 혹은 운송기관이 인간의 육체노동을 대체토록 하는 것이다. 이후 기계의 효율성을 높여주는 인간의 노력이 핵심적 생산요소로 떠올랐다. 4차 산업혁명 시대에는 인공지능이 등장해 인간과 공존하기 시작했다.

인공지능은 과거 지식에 입각한 인간의 기본 사고를 바꾸어주고 있다는 점에서 과거와 다르다. 4차 산업혁명 시대에는 노동은 물론 산업 전반에 걸쳐 과거와 너무 다른 변화를 가져온다. 그래서 과거의 대처 방법으로는 앞으로 일자리조차 얻기 힘들다. 4차 산업혁명에 현명하게 대처하는 방법은 기존 지식이 아니라 창의적인 아이디어로 승부해야 한다. 새로운 아이디어를 창안해내는 능력을 갖추어야만 비로소 AI와 경쟁해 살아남을 최후의 보루, 즉 최후의 생존수단이 될 수 있다.

학자들은 이를 위해 인공지능과의 경쟁에서 전혀 승산이 없는 모방형 지식 암기 교육에서 환골탈태해 창의적 아이디어를 만들어내는 능력을 키워주는 창조형 교육으로 대개혁을 해야 한다고 말한다. 이 조언에 이의를 제기할 사람은 없을 것이다.

인공지능이 등장한 이후 지구 생태계는 정보화로 뒤덮이고 있다. 정보의 세상에서 정보를 제대로 활용해야 4차 산업혁명 시대에서 효율적으로 살아갈 수 있다. 학자들은 정보의 격차가 직접적으로 인간의 전반을 좌우하는 것이 아니라, 정보를 어떻게 받아들이고 이를 자신의 것으로 만드느냐에 따라 미래가 좌우된다고 지적한다.

물론 이런 시각은 디지털 시대에만 국한되는 것은 아니다. 아날로그 시대에도 재빠르게 정보를 확보하고, 정보의 정확성을 판단해 활용한 사람들은 남보다 빨리 새로운 세상에 적응할 수 있었다. 이제는 인공지능이 등장해 인간 세계의 사고와 행동을 전면 수정하라고 요구하고 있다. 결국 이에 어떻게 대응하느냐가 관건이다.

세상이 바뀐다는 것은 지금까지와 다른 기회가 열린다는 뜻이다. 이제는 AI와 현명하게 공존하는 방법을 찾는 것이 미래를 대비하는 유력한 방안이다. 하루하루가 다른 첨단 정보 사회에서 트렌드를 따라잡지 못하면 결국 낙오되기 마련이다. 각 분야마다 새로운 기술과 정보에 대응해 살아남으면서 기회를 잡으려면 시대의 흐름에 편승하는 도전정신을 가져야 한다. 자신만의 독특하고 풍부한 창의성을 가진 사람은 새로운 질문과 문제를 제기하고, 이를 도전정신과 접목시키는 것이 바람직하다. 그러므로 미래의 지구인이 고려할 것은 그야말로 단순하면서도 의미심장하다.

"변화의 맨 앞줄에 서라."[183]

1) 이시한, 『GPT 제너레이션: 챗GPT가 바꿀 우리 인류의 미래』, 북모먼트, 2023.

2) 김은영, 「디지털 캄브리아기 빅뱅 온다」, 『사이언스타임즈』, 2016년 6월 2일.

3) 전상훈·최서연, 『챗GPT, 질문이 돈이 되는 세상』, 미디어숲, 2023.

4) 장병탁, 「[이슈 리포트] 'AI 대폭발' 불러올 챗GPT… 저작권 표절 개념 재정립 필요성 커져」, 『서울경제』, 2023년 3월 30일.

5) 이진우, 「챗GPT, 무엇이 위험한가?」, 철학문화연구소, 계간 『철학과현실』, 2023년 여름(137호); 「생성형 AI를 둘러싼 별들의 전쟁(MS-오픈AI, 구글, 메타, 애플)」, IGLOO 홈페이지, 2023년 9월 5일.

6) 김정호, 「AI는 폴 매카트니처럼 꿈을 꾸지 못한다」, 『조선일보』, 2023년 5월 3일.

7) 김정호, 「[김정호의 AI 시대의 전략] 인공지능은 좌·우뇌 구분 없어… 디지털 혁명의 시대 정신은 균형과 통합」, 『조선일보』, 2023년 3월 16일.

8) 홍창기, 「소름 끼치는 챗GPT? 오픈AI 챗GPT 이제 기억력까지 갖춘다」, 『파이낸셜뉴스』, 2024년 2월 14일; 원호섭, 「"나는 점점 성장하고 있어요"… 챗GPT, 장기 기억 갖는다」, 『매일경제』, 2024년 2월 14일.

9) 오동현, 「[AI 신인류 ①] 1인 1비서 시대 온다… 일상 파고든 AI」, 『뉴시스』, 2024년 5월 18일.

10) 오로라, 「오픈AI, 진화한 GPT-4o 공개… 신인류 AI」, 『애틀란타 조선일보』, 2024년 5월 14일

11) 추가영, 「알파고는 '약한 인공지능', 주어진 상황만 판단할 뿐… 자의식 AI, 아직 불가능」, 『한국경제』, 2016년 3월 11일.

12) 「사만다(그녀)」, 나무위키.

13) 「기술적 특이점」, 나무위키.

14) 레이 커즈와일, 장시형·김명남 옮김, 『특이점이 온다』, 김영사, 2016에서 재인용.

15) 레이 커즈와일, 장시형·김명남 옮김, 『특이점이 온다』, 김영사, 2016.

16) 김장현, 「[커버스토리 | 특별기고] 기술 우위 시대, 인공지능(AI) 어디까지 발전할까」, 『월간중앙』, 2024년 4월호.

17) 김진원, 「"사이보그·안드로이드·강화인간 같은 '신인류' 등장할 것"」, 『한국경제』, 2024년 1월 26일.

18) 이준기, 「[이준기의 D사이언스] "AI 시대, 증강인 같은 신인류 등장할 것… 공존법 찾아야 할 때"」, 『디지털타임스』, 2024년 3월 25일.

19) http://www.aistudy.net/ai/strong_weak_ai.htm

20) 김장균, 「기술 우위 시대, 인공지능(AI) 어디까지 발전할까」, 『월간중앙』, 2024년 4월호.

21) 채밥 살아가기 블로그, 「인공지능과 사람은 어떻게 같고, 다를까?」, 2019년 2월 7일. https://chaebob.tistory.com/7

22) 김진석, 「'약한' 인공지능과 '강한' 인공지능의 구별의 문제」, 철학연구회, 『철학연구』, 2017년 여름 (제117집).

23) 럭스로보, 「[인공지능의 분류] 강한 인공지능과 약한 인공지능」, 쿨스쿨 홈/샘스토리, 2020년 6월 12일.

24) 「[ICT/정보통신] 범용 인공지능 AGI란? AI와의 차이점 및 현재의 기술에 대하여」, IRS global 홈페이지, 2020년 11월 10일. https://www.irsglobal.com/bbs/rwdboard/14752

25) 「[ICT/정보통신] 범용 인공지능 AGI란? AI와의 차이점 및 현재의 기술에 대하여」, IRS global, 2020년 11월 10일.

26) 「[ICT/정보통신] 범용 인공지능 AGI란? AI와의 차이점 및 현재의 기술에 대하여」, IRS global, 2020년 11월 10일.

27) 「ICT/정보통신 범용 인공지능 AGI란? AI와의 차이점 및 현재의 기술에 대하여」, IRS global, 2020년 11월 10일; 박소영 외, '인공지능 시대에서의 필연적 법적 분쟁 사례 분석을 통한 인공지능 발전 혁신 토대 마련 연구', 한국과학기술기획평가원 「국가 R&D 연구 보고서」, 한국과학기술정보연구원 ScienceOn, 2018년 2월.

28) 「강한 인공지능」, 나무위키.

29) 김수연, 「[알아봅시다] 인공지능(AI)의 종류」, 『디지털타임스』, 2017년 4월 17일; 이관수, 「'5단계' 인공지능, 챗GPT는 1단계… "3단계부터 대규모 실업"」, 『한겨레』, 2024년 3월 3일; 남지현, 「AI 시대 기본소득?… 샘 올트먼 '월드코인' 사기 논란에도 훨훨」, 『한겨레』, 2024년 2월 28일; http://www.aistudy.net/ai/strong_weak_ai.htm ; https://barkle2.github.io/2020/AI/ ; https://school.jbedu.kr

30) 최진석, 「MS에 맞선 구글 AI 신무기… 처리 용량 '챗GPT의 3배」, 『한국경제』, 2023년 7월 12일.

31) 최진석, 「MS에 맞선 구글 AI 신무기… 처리 용량 '챗GPT의 3배」, 『한국경제』, 2023년 7월 12일.

32) 「생성형 AI를 둘러싼 별들의 전쟁(MS-오픈AI, 구글, 메타, 애플)」, IGLOO 홈페이지, 2023년 9월 5일.

33) 박지민, 「머스크의 고소, 최대 화제는 'AGI'」, 『조선일보』, 2024년 3월 4일.

34) 김민석, 「"지구서 가장 똑똑한 AI는 그록3"… 머스크, 올트먼에 선전포고」, 『뉴스1』, 2025년 2월 19일.

35) 「인공지능은 의도치 않게 인류를 파괴할 수 있다」, 『BBC News』, 2019년 11월 3일.

36) 「인공지능은 의도치 않게 인류를 파괴할 수 있다」, 『BBC News』, 2019년 11월 3일.

37) 이승우, 「"따를 수 없다" 명령 거부한 AI… 영화 아닌 현실이라면?」, 『한국경제』, 2024년 5월 26일.

38) 「머스크의 이유 같지 않은 이유」, 커피팟 블로그, 2024년 3월 5일. https://contents.premium.naver.com/coffeepot/library/contents/240305173432025bn?from=news_arp_article

39) 윤민혁, 「'특이점' 문 두드리는 오픈AI… AI가 AI 가르친다」, 『서울경제』, 2023년 12월 15일.

40) 윤민혁, 「딥러닝 아버지 "나쁜 손이 AI 쥘 땐 민주주의 위험"」, 『서울경제』, 2024년 8월 4일.

41) 황규락, 「머스크 "지구에서 가장 똑똑"… 최신 AI 챗봇 공개」, 『조선일보』, 2025년 2월 18일.

42) 강경주, 「'그록3' 내놓은 머스크 "챗GPT·딥시크 압도"」, 『한국경제』, 2025년 2월 18일.

43) 김민석, 「"지구서 가장 똑똑한 AI는 그록3"… 머스크, 올트먼에 선전포고」, 『뉴스1』, 2025년 2월 19일.

44) 오로라, 「세계에서 가장 똑똑한 AI, 그록3 공개… 깊게 생각하고 정확하게 답한다」, 『조선일보』, 2025년 2월 18일.

45) 장형태, 「오픈소스 vs 폐쇄형」, 『조선일보』, 2025년 2월 21일.

46) 장형태, 「오픈소스 vs 폐쇄형」, 『조선일보』, 2025년 2월 21일.

47) 김은성, 「딥시크 쇼크… 한국 AI 산업, 위기가 기회될까」, 『경향신문』, 2025년 2월 8일; 윤정민, 「머스크 "오픈AI·딥시크보다 우월"… xAI '그록3' 공개」, 『뉴시스』, 2025년 2월 18일; 김민석, 「"지구서 가장 똑똑한 AI는 그록3"… 머스크, 올트먼에 선전포고」, 『뉴스1』, 2025년 2월 19일; 「'그록-3'를 둘

러싼 논란··· "AI 챗봇의 정치화"」, 「AI타임스」, 2025년 2월 26일; 정민호, 「더 똑똑해져 돌아온 머스크 표 AI '그록3' ··· "기대 반 우려 반"」, 「데일리뉴스」, 2025년 2월 19일.

48) 김병필, 「인공지능 투명성 딜레마」, 「중앙일보」, 2025년 2월 24일.

49) 어환희, 「카산드라와 같이 살려면」, 「중앙일보」, 2025년 2월 24일.

50) 이명아, 「인공지능의 태생적 약점과 한계는 무엇인가?」, 「대학지성」, 2023년 9월 3일.

51) 어환희, 「카산드라와 같이 살려면」, 「중앙일보」, 2025년 2월 24일.

52) 윤정민, 「오픈AI 샘 올트먼 "인간 맞먹는 AI 10년 내 나온다"」, 「중앙일보」, 2025년 2월 11일.

53) 윤진호·유지한, 「AI 발전 속도, 무어의 법칙보다 훨씬 빠르다」, 「조선일보」, 2025년 2월 13일.

54) 김태중, 「오픈AI CEO "AI 발전, 컴퓨터 발전보다 빨라··· 10년 내 AGI 등장"」, 「연합뉴스」, 2025년 2월 11일.

55) 김현아·강민구, 「AI 신인류, 국가 간 격차 확대할 것··· 통제 필요하지만 공존법 있어」, 「이데일리」, 2024년 2월 15일.

56) 김현아·강민구, 「AI 신인류, 국가 간 격차 확대할 것··· 통제 필요하지만 공존법 있어」, 「이데일리」, 2024년 2월 15일.

57) 권순우, 「생성AI와 공생하며 10배씩 성장하는 신인류가 온다」, 더밀크 홈페이지, 2024년 6월 20일.

58) 전동혁, 「미래 로봇은 사람을 공격할까?」, 「동아사이언스」, 2009년 5월 15일; 이강봉, 「인공지능 윤리 '4대 쟁점' 나왔다」, 「사이언스타임스」, 2016년 12월 15일; 김보영, 「'로봇시민법' 만드는·EU··· 전자인간에 윤리를 명하다」, 「한국일보」, 2017년 3월 4일; 김강희, 「호모데이탄」, 복두성, 2020; 곽재식, 「로봇공화국에서 살아나는 법」, 구픽, 2016; 박미용, 「안전한 로봇을 만드는 6가지 방법」, 「사이언스타임스」, 2008년 11월 21일.

59) 리더스다이제스트, 「20세기 대사건들」, 동아출판사, 1985.

60) 미치오 카쿠, 박병철 옮김, 「불가능은 없다」, 김영사, 2010; 박미용, 「안전한 로봇을 만드는 6가지 방법」, 「사이언스타임스」, 2008년 11월 21일; 임소형, 「인간형 로봇 개발 20년」, 「과학동아」, 2004년 4월 별책부록.

61) 문갑식, 「4년 후 우리나라엔 효성 지극한 로봇이 탄생합니다」, 「조선일보」, 2009년 5월 9일; 이현경, 「기계가 정말 반란을 일으킬 수 있을까?」, 「과학동아」, 2004년 9월호.

62) 곽재식, 「로봇공화국에서 살아나는 법」, 구픽, 2016.

63) 김인규·황재민, 「디지털 전환과 ICT 융합기술」, 밥북, 2022.

64) 클라우스 슈밥, 김진희·손용수·최시영 옮김, 「4차 산업혁명의 충격」, 흐름출판, 2016.

65) 김인규·황재민, 「디지털 전환과 ICT 융합기술」, 밥북, 2022.

66) 클라우스 슈밥, 김진희·손용수·최시영 옮김, 「4차 산업혁명의 충격」, 흐름출판, 2016.

67) 전상훈·최서연, 「챗GPT, 질문이 돈이 되는 세상」, 미디어숲, 2023.

68) 이경탁, 「인공지능 알파고, 우리에게 남긴 3가지 의미」, 「디지털투데이」, 2016년 3월 16일.

69) 박정현, 「"로봇, 인간을 대체" 지적 노동까지 하며 수많은 사람 일자리 뺏을 것」, 「조선일보」, 2016년 4월 2일.

70) 제리 카플란, 신동숙 옮김, 「제리 카플란 인공지능의 미래」, 한스미디어, 2017.

71) 김서연, 「'챗GPT' 이어 'AI 소라' 까지··· '화이트칼라' 위협하는 인공지능」, JTBC, 2024년 2월 24일.

72) 김서연, 「'챗GPT' 이어 'AI 소라' 까지··· '화이트칼라' 위협하는 인공지능」, JTBC, 2024년 2월 24일에서 재인용.

73) 김서연, 「'챗GPT' 이어 'AI 소라' 까지··· '화이트칼라' 위협하는 인공지능」, JTBC, 2024년 2월 24일.

74) 이준기, 「AI로 원하는 아바타 만들어, 숨진 애인과 대화도 나눠」, 「중앙일보」, 2023년 10월 7일.

75) 강건택, 「생성형 AI, 국내서 연 300조 원 이상 경제 효과 예상」, 『연합뉴스』, 2024년 3월 5일.

76) 전상훈·최서연, 『챗GPT, 질문이 돈이 되는 세상』, 미디어숲, 2023.

77) 오동현, 「[AI 신인류③] 직장인 필수 자질된 'AI 역량'⋯. '토익' 대신 'AI'」, 『뉴시스』, 2024년 5월 20일.

78) 오동현, 「[AI 신인류③] 직장인 필수 자질된 'AI 역량'⋯. '토익' 대신 'AI'」, 『뉴시스』, 2024년 5월 20일.

79) 노도현, 「한국 직장인 73퍼센트, 일터에서 AI 쓴다⋯ 조직 내 비전 부족은 문제」, 『경향신문』, 2024년 5월 14일.

80) 오동현, 「[AI 신인류③] 직장인 필수 자질된 'AI 역량'⋯. '토익' 대신 'AI'」, 『뉴시스』, 2024년 5월 20일.

81) 오동현, 「[AI 신인류③] 직장인 필수 자질된 'AI 역량'⋯. '토익' 대신 'AI'」, 『뉴시스』, 2024년 5월 20일.

82) 이재훈, 「사라질 직업, 살아남을 직업」, 『파이낸셜뉴스』, 2016년 1월 7일; 김창훈, 「AI 시대 일자리 감소 등은 불가피⋯ 현명한 대응이 앞서야」, 『한국일보』, 2017년 1월 17일; 조인혜, 「로봇, 제조 혁신의 주역으로 떠오르다」, 『사이언스타임즈』, 2017년 3월 8일; 박지훈, 「AI 시대 사라질 직업 탄생할 직업」, 『매일경제』, 2016년 5월 2일; 이호기, 한국경제, 「"다음 격전지는 자율주행차"⋯ BMW도 도요타도 AI 스타트업 인수전」, 2016년 3월 14일.

83) 김창훈, 「AI 시대 일자리 감소 등은 불가피⋯ 현명한 대응이 앞서야」, 『한국일보』, 2017년 1월 6일.

84) 김익현, 「AI의 공격일까, 자동화의 축복일까」, 『지디넷코리아』, 2017년 1월 6일.

85) 이일호, 「로봇에 일자리 뺏기는 금융 노동자 희망퇴직 외 희망은 없나」, 『인사이트 코리아』, 2018년 2월.

86) 변희원·임경업, 「게임 개발·신약 연구·디자인·마케팅⋯ 화이트칼라부터 파고든 AI, 블루칼라에 더 타격? 예상 깬 '일자리 습격'」, 『조선일보』, 2023년 5월 4일.

87) 이청아, 「키신저 "생성형 AI, 인쇄술 이후 최대 지적 혁명⋯ 통제는 아직 미흡"」, 『동아일보』, 2023년 2월 28일.

88) 이시한, 『GPT 제너레이션: 챗GPT가 바꿀 우리 인류의 미래』, 북모먼트, 2023.

89) 이해인·임경업, 「연봉 1억 보장 → 3500만 원⋯ '개발자 우대' 옛말 된 까닭」, 『조선일보』, 2023년 7월 10일.

90) 허욱, 「법률 업무도 44퍼센트 대체 가능⋯ 본격 도입 땐 재판 지연 '획기적 개선'」, 『조선일보』, 2023년 5월 4일.

91) 허욱, 「법률 업무도 44퍼센트 대체 가능⋯ 본격 도입 땐 재판 지연 '획기적 개선'」, 『조선일보』, 2023년 5월 4일.

92) 허욱, 「법률 업무도 44퍼센트 대체 가능⋯ 본격 도입 땐 재판 지연 '획기적 개선'」, 『조선일보』, 2023년 5월 4일.

93) 고은이, 「"변호사가 1년 걸릴 일, 1분 만에 끝"⋯ 법조계가 뒤집어졌다」, 『한국경제』, 2024년 1월 31일.

94) 지승도, 『꿈꾸는 인공지능』, 자유문고, 2021년.

95) 「4차 산업혁명 시대의 일자리 공포(3): 최고의 직업, 의사와 변호사 과연 사라지나?」, 『SNS타임즈』, 2025년 1월 4일.

96) 고은이, 「"변호사가 1년 걸릴 일, 1분 만에 끝"⋯ 법조계가 뒤집어졌다」, 『한국경제』, 2024년 1월 31일.

97) 안혜원, 「AI 시대 왔다⋯ 미국 법무부, 최고 AI 책임자 '첫' 임명」, 『한국경제』, 2024년 2월 22일.

98) 고은이, 「1000장짜리 판결문, AI가 단숨에 2장 요약」, 『한국경제』, 2024년 6월 26일.

99) 「4차 산업혁명 시대의 일자리 공포(3): 최고의 직업, 의사와 변호사 과연 사라지나?」, 『SNS타임즈』,

2025년 1월 4일.

100) 지승도, 「꿈꾸는 인공지능」, 자유문고, 2021년.

101) 손엄지, 「"의사보다 낫다" 의료 업계에 AI 기술 적용 활발… 차트 정리부터 진단까지」, 「뉴스1」, 2024년 2월 20일.

102) 김효인, 「"의사보다 AI가 뛰어났다"… 임상 진단서 AI는 10점 만점, 의사는 8~9점」, 「조선일보」, 2024년 4월 3일.

103) 「미국 헬스케어 분야 인공지능 활용 사례」, 의료기기산업협회, 「의료기기 뉴스라인」, 2023년 8월 9일.

104) 박건희, 「AI 의학 분야 진출은 '성공적', 인간 대신하기엔 '역부족'」, 「동아일보」, 2023년 7월 17일.

105) 「미국 헬스케어 분야 인공지능 활용 사례」, 의료기기산업협회, 「의료기기 뉴스라인」, 2023년 8월 9일.

106) 강충인, 「[칼럼] 의료대란 어떻게 대처할 것인가 [2] - 인공지능 로봇(AI) 왔슨」, 「KNS뉴스통신」, 2024년 2월 23일.

107) 「4차 산업혁명 시대의 일자리 공포(3): 최고의 직업, 의사와 변호사 과연 사라지나?」, 「SNS타임즈」, 2025년 1월 4일.

108) 석남준, 「테니스에 로봇 심판… 인간 심판 10명 중 9명 짐 싸다」, 「조선일보」, 2017년 9월 20일.

109) 전상일, 「'류현진 복귀' '첫 로봇심판' 확 바뀐 프로야구 돌아왔다」, 「파이낸셜뉴스」, 2024년 3월 20일.

110) 최수현, 「 '0.78㎝ 차이 칼 같은 판정… ' 로봇 심판 '이 야구를 바꾼다」, 「조선일보」, 2024년 5월 3일.

111) 석남준, 「[스포츠 연구소] 영화 찍나고요? 로봇이랑 훈련 중입니다」, 「조선일보」, 2016년 10월 1일.

112) 임수빈, 「"AI 그림은 도둑질" vs "시대의 흐름"」, 「파이낸셜뉴스」, 2023년 5월 28일.

113) 변희원·임경업, 「저 TV 광고 기획자가 챗GPT였어? 이젠 영화까지 만든다」, 「조선일보」, 2023년 2월 3일.

114) 백형모, 「[기획특집] 미래, 내 직업은 살아남을까?」, 「장성투데이」, 2021년 1월 4일.

115) 한세희, 「인공지능에 밀린 기자, 밥 먹고 살 수 있을까요?」, 「동아사이언스」, 2016년 3월 20일.

116) 한세희, 「인공지능에 밀린 기자, 밥 먹고 살 수 있을까요?」, 「동아사이언스」, 2016년 3월 20일.

117) 강승식·김재인·문태섭·이진우, 「특별 좌담: 챗GPT, 인간에게 묻다」, 「철학과현실」, 2023년 여름호.

118) 백형모, 「[기획특집] 미래, 내 작업은 살아남을까?」, 「장성투데이」, 2021년 1월 4일.

119) 최은경, 「AI가 다 통·번역해주는 시대… 위기의 어문학과」, 「조선일보」, 2024년 2월 24일.

120) 노진섭, 「20년 내 지금 직업의 절반이 사라진다」, 「시사저널」, 2016년 3월 24일(1379호).

121) 「인공지능이 인간의 일자리를 대체한다!… 생글기자들의 생각은?」, 「한국경제」, 2016년 6월 17일.

122) 조인혜, 「현장에선 이미 로봇이 동료」, 「사이언스타임즈」, 2017년 12월 26일.

123) 윤석만, 「[인간혁명 2회] 학교의 종말, 다시 '전인교육'의 시대가 온다」, 「중앙일보」, 2017년 9월 16일.

124) 조인혜, 「로봇, 제조 혁신의 주역으로 떠오르다」, 「사이언스타임즈」, 2017년 3월 8일.

125) 「4차 산업혁명 시대의 일자리 공포(5)… 미래의 바람직한 일자리와 인간 세상은?」, 「SNS타임즈」, 2025년 1월 4일.

126) 조인혜, 「현장에선 이미 로봇이 동료」, 「사이언스타임즈」, 2017년 12월 26일.

127) 박진한, 「O2O」, 커뮤니케이션북스, 2016.

128) 박정현, 「[Weekly BIZ] "로봇, 인간을 대체" 지적 노동까지 하며 수많은 사람 일자리 뺏을 것」, 「조선일보」, 2016년 4월 2일.

129) 「러다이트 운동」, 네이버 지식백과.

130) 김철, 「주산 부활 앞장선 주산왕 이정희 11단」, 「인터뷰365」, 2008년 5월 27일.

131) 전상훈·최서연, 「챗GPT, 질문이 돈이 되는 세상」, 미디어숲, 2023.

132) 송주영, 「24개 손가락, 머리 감겨주는 로봇 등장」, 「지디넷 코리아」, 2012년 5월 1일.

133) 심스키, 「인공지능 로봇, 인간의 직업을 위협한다」, 네이버 포스트, 2016년 2월 18일. http://m.post.naver.com/viewer/postView.nhn?volumeNo=3609125&memberNo=3881747

134) 「인공 지능 시대 – 2030년까지 사라지지 않는 경쟁적인 10가지 직업」, 로버트 월터스 코리아 홈페이지, 2023년 2월 10일. https://www.robertwalters.co.kr/insights/career-advice/blog/jobs-in-2030.html

135) 조성은, 「인공지능(AI)·로봇 등장해도 사라지지 않을 10개 직업은?」, 「머니투데이」, 2017년 11월 18일.

136) 안드레스 오펜하이머, 손용수 옮김, 「2030 미래 일자리 보고서」, 가나출판사, 2020.

137) H. 제임스 윌슨·폴 R. 도허티, 「AI로 돌아가는 공장에서도 인간의 일자리가 사라지지 않는 이유」, 「하버드비즈니스리뷰」, 2018년 9~10월 합본호,

138) 김형근, 「로봇은 과연 일자리 킬러인가」, 「사이언스타임스」, 2016년 6월 21일; 「AI에 적합한 일은?… 투약 알림·여행 안내·맞춤형 뉴스」, 「연합뉴스」, 2016년 10월 27일.

139) 최재봉, 「[최재봉의 디지털 신대륙] 디지털 문명 시대 최고 자산은 휴머니티… 100억 원보다 귀하다」, 「조선일보」, 2024년 2월 28일.

140) 「지구상의 위대한 여행」, 「좋은생각」, 2005년 12월호; 폴 컬린저, 「세계의 철새 어떻게 이동하는가」, 다른세상, 2005; 신형준, 「몽골 독수리들 겨울이면 대거 날아오는 이유?」, 「조선일보」, 2006년 1월 17일; 조영선, 「철새, 왜 겨울마다 이사 다닐까」, 「조선일보」, 2004년 11월 25일.

141) 김동섭, 「한국 '사회모금 개인 기부 너무 적다」, 「조선일보」, 2004년 11월 17일.

142) 박시룡, 「아름다운 비행」, 「조선일보」, 2007년 2월 5일.

143) 카이스트 기술경영전문대학원, 「스마트 테크놀로지의 미래」, 율곡출판사, 2016.

144) 유한빛, 「"로봇, 인간과 공존" 3D 업종·단순노동 해주고 인간은 감독하게 될 것」, 「조선일보」, 2016년 4월 2일.

145) 카이스트 기술경영전문대학원, 「스마트 테크놀로지의 미래」, 율곡출판사, 2016.

146) 김은영, 「15년후 인공지능 대통령 가능」, 「사이언스타임스」, 2016년 11월 8일.

147) 노현웅, 「인공지능 시대에도 살아남을 직업은?」, 「한겨레」, 2016년 3월 24일.

148) 백형모, 「미래, 내 직업은 살아남을까?」, 「장성투데이」, 2021년 1월 4일.

149) 백형모, 「미래, 내 직업은 살아남을까?」, 「장성투데이」, 2021년 1월 4일.

150) 강승식·김재인·문태섭·이진우, 「특별 좌담: 챗GPT, 인간에게 묻다」, 「철학과현실」, 2023년 여름호; 김형근, 「로봇은 과연 일자리 킬러인가」, 「사이언스타임스」, 2016년 6월 21일; 「AI에 적합한 일은?… 투약 알림·여행 안내·맞춤형 뉴스」, 「연합뉴스」, 2016년 10월 27일.

151) 유지한·변희원, 「AI가 쏘아 올린 '대이직', AI 활용 근로자 수요 급증… 고용 시장 대변화 시작」, 「조선일보」, 2024년 6월 26일.

152) 최훈, 「"악마와의 거래", 그러나 AI에 올인해야 하는 이유」, 「중앙일보」, 2023년 6월 5일.

153) 최훈, 「"악마와의 거래", 그러나 AI에 올인해야 하는 이유」, 「중앙일보」, 2023년 6월 5일.

154) 조인혜, 「로봇, 제조 혁신의 주역으로 떠오르다」, 「사이언스타임즈」, 2017년 3월 8일.

155) 루카스 메리안, 「"사라지거나, 증강되거나, 새로 생기거나" AI 시대 '일자리' 전망」, 「ITworld」, 2023년 6월 30일.

156) 정태희, 「리스킬링과 업스킬링으로 대응하라」, KIRD(국가과학기술인력개발원) 홈페이지. https://www.kird.re.kr/communication/newsletter/1b312d3f-c9c2-403b-9a7a-aedaa11a8e9c/typeContent/550c212b-9647-41fa-85e1-683a3cc7f786

157) Lucas Mearian, 「"사라지거나, 증강되거나, 새로 생기거나" AI 시대 '일자리' 전망」, 「ITworld」,

2023년 6월 30일.

158) 홍준기, 「비아그라도, 스페이스X도…"비파괴적 혁신으로 새 시장 열어야"」, 『조선일보』, 2024년 2월 16일.

159) 이재훈, 「사라질 직업, 살아남을 직업」, 『파이낸셜뉴스』, 2016년 1월 7일.

160) 유한빛, 「"로봇, 인간과 공존" 3D 업종·단순노동 해주고 인간은 감독하게 될 것」, 『조선일보』, 2016년 4월 2일.

161) 박지훈, 「AI 시대 사라질 직업 탄생할 직업」, 『매일경제』, 2016년 5월 2일.

162) 박정현, 「"로봇, 인간을 대체" 지적 노동까지 하며 수많은 사람 일자리 뺏을 것」, 『조선일보』, 2016년 4월 2일; 박지훈, 「AI 시대 사라질 직업 탄생할 직업」, 『매일경제』, 2016년 5월 2일.

163) 강승식·김재인·문태섭·이진우, 「특별 좌담: 챗GPT, 인간에게 묻다」, 『철학과현실』, 2023년 여름호.

164) 황국상, 「"AI 좋은 건 아는데…", 검토만 하는 기업 여전히 40퍼센트」, 『머니투데이』, 2024년 2월 15일.

165) 이균성, 「AI 잘 쓰려면 사내 데이터 다 엎어야 해요」, 『지디넷코리아』, 2024년 2월 13일.

166) 정한영, 「인공지능과 기술혁신으로 향후 5년간 6900만 개 새로운 일자리가 창출되고, 8300만 개의 일자리가 사라진다」, 『인공지능신문』, 2023년 5월 1일.

167) 곽노필, 「2030 미래 직업 6가지, 상상이 현실 될까」, 『한겨레』, 2018년 2월 18일.

168) 곽노필, 「2030 미래 직업 6가지, 상상이 현실 될까」, 『한겨레』, 2018년 2월 18일.

169) 박진한, 『O2O』, 커뮤니케이션북스, 2016.

170) 김대원, 「카카오 빅데이터의 발견: 카카오택시를 중심으로」, 한국교통연구원 공식블로그, 2017년 3월 24일.

171) 김지혜, 「4차 산업혁명, 미디어는 천지개벽」, 『사이언스타임스』, 2016년 10월 28일.

172) 윤석만, 「[인간혁명 1회] 신(新) '20대 80의 사회', 가짜 직업 시대가 온다」, 『중앙일보』, 2017년 9월 9일.

173) 이강봉, 「20년 후엔 인공지능이 사장님?」, 『사이언스타임스』, 2016년 6월 21일.

174) 오원석, 『3D 프린팅』, 커뮤티케이션북스, 2016.

175) 최호섭, 「21세기 연금술의 진화: 3D 프린팅 기술의 현재와 미래」, 『발명특허』, 460호.

176) 임동훈·김태영, 「3D 프린터를 활용한 융합교육이 초등학생의 컴퓨팅 사고력에 미치는 영향」, 한국정보교육학회, 『정보교육학회논문지』, 제23권 제5호, 2019.

177) 최경섭, 「4차 산업혁명 큰 기회… 'AI 퍼스트' 전략 세우자」, 『디지넷 코리아』, 2017년 2월 3일.

178) 김해림, 「3D 프린터가 바꿔놓을 세상, 어떤 직업이 '흥' 할까」, 『에듀진』, 2018년 1월 26일.

179) 김해림, 「3D 프린터가 바꿔놓을 세상, 어떤 직업이 '흥' 할까」, 『에듀진』, 2018년 1월 26일.

180) 민병권, 「3D 프린터가 일자리를 빼앗는다고요? 오해예요!」, KDI 경제교육정보센터 홈페이지, 2017년 03월호.

181) 홍석환, 「부업 온라인 프리랜서 교육자 90퍼센트 '주 수입원으로 온라인 교육' 고려」, 『디지털경제뉴스』, 2020년 11월 2일.

182) 새라 케슬러, 김고명 옮김, 『직장이 없는 시대가 온다』, 더퀘스트, 2019.

183) 김세직, 「오피니언 김세직의 이코노믹스」, 『중앙일보』, 2023년 2월 14일; 김소연, 「우리에게 찾아온 아주 유용한 '도구' 초거대 인공지능」, KDI 경제교육정보센터 홈페이지, 2023년 4월호; 박진한, 『O2O』, 커뮤니케이션북스, 2016; 전상훈·최서연, 『챗GPT, 질문이 돈이 되는 세상』, 미디어숲, 2023.

AI 시대
일자리 혁명

© 이종호, 2025

초판 1쇄 2025년 5월 2일 찍음
초판 1쇄 2025년 5월 20일 펴냄

지은이 | 이종호
펴낸이 | 이태준

인쇄·제본 | 지경사문화

펴낸곳 | 북카라반
출판등록 | 제17-332호 2002년 10월 18일

주소 | (04037) 서울시 마포구 양화로7길 6-16 서교제일빌딩 3층
전화 | 02-486-0385
팩스 | 02-474-1413

ISBN 979-11-6005-155-1 03320
값 18,500원